Helmut Heyen

Löppt sik allens wedder trecht

Helmut Heyen

Löppt sik allens wedder trecht

ISENSEE VERLAG
OLDENBURG

Foto: Julia Johannsen

Layout und Satz: Stefanie Tegeler, Isensee Verlag

Bibliografische Information der Deutschen Bibliothek
Die Deutsche Bibliothek verzeichnet diese Publikation in der Deutschen Nationalbibliografie; detaillierte bibliografische Daten sind im Internet über <http://dnb.d-nb.de> abrufbar.

ISBN 978-3-7308-1957-9

Gedruckt bei Isensee in Oldenburg

Inhaltsverzeichnis

Alexa . . . 7
Anner Johr Wiehnachten ward allens anners . . . 13
Corona . . . 18
Dor is noch keen Kruut gegen wussen . . . 22
Dor is wat in Busch . . . 27
Een staatschen Kerl . . . 33
Gedächtnis as een Sieb . . . 38
Generation 65 Plus . . . 42
Glücksmomenten . . . 46
Inköpen or so ännern sik de Tieden . . . 51
Irina . . . 56
Keen eenfach Fraag – wer büst du? . . . 59
Kumm mi nich an de Farv . . . 62
Lotsen an Boord . . . 65
Modeberatung . . . 68
Multitasking . . . 73
Nimm di nix vör, denn sleit di nix fehl . . . 77
Allerwegens schient de Sünn . . . 85
Putt un Deckel . . . 87
Reesneeren . . . 92
Schnäppchen or Slapen as in'n Himmel . . . 97
Seggwiesen . . . 100
Spoorsamkeit . . . 104
Stoffsuugen un Psychologie . . . 109
Toilettenpapier or Smiet de Zeitung nich weg . . . 114
Weniger is mehr . . . 118
Een beten anners . . . 123
Hinweise und Dank . . . 126
Zum Autor . . . 128

Alexa

För den Rasen hebbt wi us in't letzte Vörjohr een Rasen Roboter, wi nöömt em Robby Plietsch, anschafft un sünd begeistert. Jedeen Dag föhrt Robby nu ut siene lütte Garaasch un is an meihen. Dwars un liekut, stoppt aff, dreiht sik mit'n mol un denn geiht na de annere Eck hen. Dor dreiht he sick glieks tweemol üm de eegene Achs un jachtert scharp an de Grenz vun mien Naver Peter langs. Toeerst denkst du, de makt sien Arbeit ahn Sinn un Verstand, avers denn ward dat doch allens schier. Nich mol den Grasschnitt müsst du wegbringen, is de beste Dünger. Rasen as een Golfplatz. Un wenn us Robby mol een Paus bruukt, wiel he so'n beten flau in de Knee ward, denn stüürt he de Steckdoos an un lett sik upladen. Greta seggt denn männichmal, dat dat jo schaad weer, dat wi in Huus nich ok so'n Steckdoos för us beiden harrn. Dat wörr us jo düchtig upmuntern, mol so'n reellen Stromschlag dör de ollen Knaken to jagen. Un överhaupt, de nee'e Technik kunn'n sik doch bestimmt ok in't Huus installeern laten, för all de Saken, de us nich mehr so licht vun de Hannen gaht. Aversten dor mööt denn ok een in Huus ween, de so'n beten Verstand harr un nich blots Böker lesen kunn.

„Technisches Grundverständnis un Geschick", hör ick mien Leevste seggen. Hebb ik mi dat nun inbild or hett Greta mi dorbi doch so'n poor Sekunden langer as nödig ankeeken?

Na, eendoont, de Saak will ik nu doch nich so up mi sitten laten un go eerst mol na mien Fründ Peter. De is een pensioneerten Elektromeister un weet düchtig Bescheed.

„Jo", seggt Peter, „sett di man erst mol dal un drink een Buddel Dithmarscher dunkel, denn kann ik di dat verklookfiedeln." Un denn halt he een ganzen Stapel Prospekten ut de

Eck un vertellt un vertellt, kummt dorbi so richtig in't Fachchinesisch.

„Alexa", klamüüstert he mi utnanner, „Alexa is een virtuelle Assistentin, de sik in'n Luutspreker versteken deiht." Sprachinteraktion, Musikwiedergabe, Erstellen von To-Do-Listen, Einstellen von Alarmsignalen, Streaming von Podcasts. Dat gung her fix vun de Hannen. Vör allem harr Alexa noch een besünneren Vördeel. Se kunn sik mit de annern intelligenten Geräte ut den Huusholt vernetzen. Fehlt di in't Köhlschapp de Botter or geiht in de Badstuuv de Seep or dat Kloopapier up'n Rest, denn schrifft Alexa di dat stantepee in dien Inkoopslist. Kannst nix mehr vergeeten.

„Un", seggt Peter mit blinkernde Oogen, „nu kummt de Clou! Du kannst de Opgaavenbereiche vun Alexa alltiet vergröttern, bruukst blots 'n poor Skills installeern..."

Hier kann ik dat jo seggen. Ik verstunn „Bahnhoff" un keek em an as een nüchtern Kalv. Leet mi aver wieder nix anmarken, denn Peter weer so begeistert vun de Saak - nich mehr to bremsen.

He harr sik jo all lang mit Alexa anfründ, man sien Hertha wull dor partout nix vun weeten. De Deern keem ehr nich in't Huus.

„Dor fleut ik up", harr se em an'n Kopp smeten. Mien Greta weer dor jo ganz anners, jümmers intressert an de neeste Technik. Dat weer ok nich so'n groten Upwand. Wi harrn jo doch all een Internet Anschluss. Greta keem mit de Schrieverie vun Emails un de ganze google Geschicht doch goot torecht. Ik sull man morgen na Elektro Meier un Bruhns in de Bahnhoffstraat gahn, de harrn Alexa in't Regal stahn - mi avers nich den ganzen Kabelsalat mitgeven laten. Wi wulln dat allens över Wlan installeern. Wenn ik't denn all tohoop harr, kunn he jo Freedag röver kamen. Us Fruunslüüd harrn Koffeekränzchen bi Elsbeth, achtern in de Rathuusstraat. Langer as een gode Stünn mit Inwiesung för mi wörr he nich bruken. Fofftein Minüten för de Technik, ik wörr jo ok nich graad up'n Kopp fullen un schull dat woll na de ersten Anwiesungen begriepen. Weer'n ganz eenfache Saak un toglieks doch ok een passendet Wiehnachtsgeschenk för mien Greta. Se harr mi to'n Geboortsdag doch den Rasenroboter schenkt.

Jo, jungedi, dor hett Peter mi mol wedder düchtig hulpen. Ik bün nu all gespannt as een Flitzbogen, wat mien Leevste an'n Wiehnachtsavend seggt. Nu man gau hen na Bruhns un Meier, anners is Alexa womögelt utverkofft. Nee, seggt de junge Verköperin, utverkofft weer Alexa nich, stunn noch dor un packt ehr stracks in.

„Sie gehen ja mit der Zeit, Donnerwetter, Hochachtung. Die meisten Älteren halten ja nichts davon", gifft se mi noch mit up'n Weg. „Wollen Sie Alexa selber installieren oder soll ich Ihnen unsere Fachkraft schicken? Gehört zum Service des Hauses. Wir sind schließlich keine Online Händler."

Nee, dat weer nich nödig, ik harr alle notwennigen Anschlüsse in't Huus, un wenn een den Kopp nich blots in de Böker steeken de un dorto ok noch'n poor praktische Hannen harr, denn weer't doch in'n Oogenblick dahn. Nich so'n lang Weeswark üm maken. Sull jo een düchtige Överraschung för mien Fru to Wiehnachten ween!

Na, Greta weer man graad ut de Huusdöör un stüür up dat Damenkränzchen dal, dor stunn Peter all vör de Döör. Alexa ward utpackt und dat duur ok tatsächlich nich lang, dor harr Peter allens torecht. Dat Utprobeern kunn losgahn.

„Villicht mütt wi noch'n beten an de Feinaffstimmung justieren", knippoogt Peter mi to. He harr dat eerstmol so programmeert, dat Alexa blots up miene Stimm reageeren wörr. Dat kunnen na de Festdaag noch licht ännern.

Nu kunn dat mit mien Ünnericht losgahn. Ik schull mi man een poor Kommandos överleggen, de Alexa sik goot marken kunn. Ton Bispill: „Alexa, mach bitte das Licht an. Or: Alexa, zünde bitte die Kerzen am Weihnachtsbaum an. Or: Alexa, jetzt möchte ich bitte Musik hören."

Ik kunn mi bit morgen ok noch'n poor annere Anwiesungen utdenken. För'n Anfang genögte dat, wi wulln mien Greta jo nich totol överrumpeln. Se schull doch Gefallen an Alexa finnen.

Hilligavend is dor. Geiht jo as jedet Johr gauer as du denkst. Greta is in de Köken an pütschern. Ik versteek Alexa achter't Sofa, smück den Dannenboom un maak de elektrischen Kersen fast. Toletzt noch de Strohsteerns vun de Enkelkinner, denn de wüllt an'n ersten Wiehnachtsdag kamen. Hüüt willt wi, mien Greta un ik, us dat so recht kommodig maken, allens ruhig un besinnlich. Middageeten lat wi utfallen, man dat gifft'n gode Koffiestünn mit'n Stück Marzipantort un vun Greta ehrn leckern Botterkoken hett se mi ok all een Stück in Utsicht stellt. De frische Goos vun Buur Schröder geev't erst an'n 1.Wiehnachtsdag, wenn de Familie tosamen keem. Wi begnögen us vundaag mit Würstchen un Kantüffelsalat.

Klock half veer steiht de dampende Koffie up'n Disch un de leckere Koken is ok dorbi.

„Nu sett di man hen, mien Greta, ik will di woll den Koffie inschenken. Hier is ok noch heet Water, wenn ik em to stark maakt hebb", scharwenzel ik so'n beten üm miene Allerleevste rüm.

Wi is dat blots kommodig in us lütte Döns. De Tassen klappert so liesen un buten weiht een scharpen Wind. Wat hebbt wi dat doch goot, dat wi in't Warme sitten köönt.

Ach, seggt mien Greta, nu, in de Schummeree, weer't doch ok warm för't Hart, wenn de Kersen an'n Dannenboom lüchten deen. Dat weer doch keen Problem, anter ik.

„Alexa“ segg ik un stell mien Koffietass up'n Disch, „zünde bitte die Kerzen am Weihnachtsbaum an.“

Zack, fangen de an to lüchten. Mien Greta fallt de Kokengabel ut de Hand. Se kriggt den Mund nich mehr to.

„Alexa, wir hätten gern ein wenig weihnachtliche Chormusik.“

„Möchtest du moderne Stücke oder klassische“, fraag dat achtert Sofa.

„Klassisch“, segg ick, denn mien Greta is to Wiehnachten up dat Festliche instellt. Un schon klingt dat „Jauchzet, frohlocket...“ vun Johann Sebastian Bach ut't Radio.

Mien Greta hett den Mund jümmers noch apenstahn, een gode Gelegenheit för mi, den letzten Trumpf för hüüt uttospeelen.

„Alexa“, segg ik, „mak mol eben Lücht an in de Köken, ik will mi noch een Stück vun den leckern Botterkoken halen, Gretas Spezialität.“

„Ich habe Sie nicht verstanden, bitte wiederholen Sie“, keem dat vun achtert Sofa. Un nu fallt mi in, dat Alexa jo keen Plattdüütsch kann.

„Das Licht in der Küche anschalten, es reichen fünfzig Prozent“, geev ik nu dat Kommando.

„Seien Sie nicht unhöflich, das kleine Wörtchen „Bitte“ sollte schon sein. Das Licht in der Küche ist wie gewünscht eingeschaltet.“ Nu weer ik an de Reeg un kreeg den Mund nich wedder to.

Greta harr sik nu avers berappelt un keek üm de Sofaeck, nehm Alexa in de Hannen un een Smüstern stunn ehr in't Gesicht schreven.

„Na, das ist mir ja `ne schöne Überraschung. Bei mir hätte sie Paula geheißen, aber gut, Alexa ist doch auch prima. Woher du nur immer meine geheimsten Wünsche errätst?“

Un denn stunn se up, gung in de Köök un keem mit'n Extraportschoon Botterkoken trüch in us Stuuv.

Wat harrn wi dat na't Koffiedrinken drock, us all de Kommandos to överleggen, mit de Alexa to Deensten ween schull. Alexa hier, Alexa da, Greta keem so recht in Fohrt un wull alle Knööp utprobeern un wat sall ik seggen, noch vör't Avendeeten harr se Alexa ok up ehre Stimm programmeert un övernehm nu dat Kommando.

„Guck mal hier“, seggt mien Allerleevste to mi, „es gibt auch die Funktion To-Do-Liste, die kannst du jetzt jeden Tag abhören und ich lösch‘ sie, wenn alles erledigt ist. Danke, mein Schatz“!

Wat den een sien Robby Plietsch is, is de annere ehre Alexa, denk ik vör mi noch so in Liesen.

„Ich habe auch was für dich, eine Überraschung“, ünnerbreckt Greta miene Gedanken un halt achter ehrn Rüüch een Paket vör. Dat sücht na een Book ut. Ik frei mi all düchtig, denn de nee'e Heimatroman wörr ik to gern in de Wiehnachtsdaag lesen. Nu man utpacken, ganz vörsichtig, dat Inpackpapier kunn'n noch mol bruken, wenn dat glattbögelt weer. Nee, de Heimatroman weert nich, de schull ik annern Dag vun miene Kinner kriegen. In'n grooten Överschrifft stunn dor: Der praktisch veranlagte Heimwerker – für alle Fälle eine Lösung.

„De Överraschung is di gelungen“, kann ick noch so eben seggen, aversten dor harr Greta an Alexa all dat Kommando geven:

„Alexa, bitte lass einen flotten Walzer spielen – An der schönen blauen Donau“. Mit links un rechts Rümdreihen sweev ik nu mit mien Greta dörch us Stuuv, dörch de Köök un denn nehmt wi noch mol in den langen Flur so recht Fohrt up.

„Siehst du“, lacht se mi an, „Alexa ist unsere Steckdose“, un denn strakt se sik ehre blonden Locken achtert Ohr.

Anner Johr Wiehnachten ward allens anners

Fröher weer allens beter. De Snack hest du mit Sekerheit faken hört. Mach woll ween, du hest't ok all sülben seggt. Un dor sitten nich blots nostalgische Gedanken in, nee, ok een lütten Funken Wohrheit is dorbi.

Wenn dat up Wiehnachten dal gung, denn murkst du dat meist toeerst an de Temperaturen. Isig kold suust buten de scharpe Oosten Wind üm de Eck und ahn dicke Hanschen, lange Ünnerbüxen un'n fasten Wintermantel kunnst du dat nicht utholln. De Pudelmütz harrst wiet över de Ohren trucken. Üm'n Hals bummelte een meterlangen Schaal, harr Oma Jantjen di ut Schapswull strickt.

Wenn du di upwarmen wullst, güngst na Huus in de warme Döns, wo in'n Hierd dat Füer flackern de. Harrst du di denn opletzt utplünnert, denn geev dat'n feinen Grog or ok een Tass Tee mit'n rechten Schuss ut'n Jamaika Rumbuddel. Dor hest du noch keen Gedanken an de Farven swatt, geel un gröön verswennt. De Politik harr sik noch nich in den goden Jamaika Rum smuggelt. Nee, wat weer't een Gedöns mit dat Jamaica Bündnis. Kannst di doran noch besinnen? Dat weer to de Tiet, as us Angie noch in't Kanzleramt dat Seggen harr.

Weekenlang seeten se an Disch un vertellden de Lüüd, dat se an Verhanneln weern. Un denn keem dor nich mol wat bi rut. De harrn man jümmers bi ehre Sitzungen een Buddel Rum up'n Disch stahn laten schullt. So'n echten Jamaica. Junge, denn weer't mit Sekerheit ok glückt un us Kanzlerin Angie harr jem alltohoop an ehre Bost drücken kunnt.

Ahn Angie wüllt se dat nu mol mit een Ampel Koalition versöken. Rot, gröön un geel.

„Dat passt as de Fuust up't Oog", sinneert mien Fründ Peter, „de Kerl, de seggt hett, dat dat beter weer, nich to regeern as slecht to regeern, de ward nu Finanzminister. Mol aftöven, wat he de Piepen ok tosamenhollen kann."

An'n sössten Dezember, jüst to'n Nikolaus Dag, willt se nu den Kanzler utkieken. Denn köönt wi jo achteran faststellen, viellicht anner Johr to Wiehnachten, of dat nich doch ehrder een Wiehnachtsmann is, de nu up den Thron sitt.

Fröher duur de Advents- un Wiehnachtstiet man graad mol veer Weeken. Dat kunnen noch eenigermaten utholln un bewarkstelligen. Dor weer liekers Tiet noog, an de Geschenken to denken, den Dannenboom to besorgen un de Goos or de Aunt intokoopen. Hüüt müsst du fix up'n Quivive ween, denn dat Spektakel geiht jo all in August los, glieks na de groten Sommerferien. Vun alle Sieden dröhnt Wiehnachtsmusik di de Ohren vull. „Süßer die Glocken nie klingen" un „Ihr Kinderlein kommet". „O du fröhliche" warrt nich eerst Wiehnachten speelt, nee, in'n Oktober kannst du dat an jede Eck hören.

Un denn de ingelschen Texte, „Jeengle Bells" or „Feliz Navidad" - versteihst rein gor nix. Kümmt die spaansch vör.

Na, merry chrismas, denkst du denn ok all in November. Du müsst nu sehn, dat du dien Krom tohoop kriegen deist, denn wenn du för dien Enkelkinner noch so'n feinen Schokolaaden Wiehnachtsmann mit ünnern Boom leggen wullt, nix as ran, anners is't all bannig utsöcht, un du kriggst blots noch de insmulten Osterhaasen. Womögelt is dat denn een Wiehnachtsmann mit lange Ohren.

Nu warrt nödig Tiet. Geiht los, Wiehnachtsboom koopen. Dat is nich so eenfach. Is'n vigeliensche Angelegenheit. Dor hett sik bit nu nix an ännert. Nich to breet, avers ok nich to schofelig. De Twiegen fein gliekmässig na alle Sieden hen. Een mit twee Spitzen geiht överhaupt nich. Fehlt graad noch, dat du tohuus doran herumsogen un herumwarkeln muttst.

„Na, Vadder", fraagt se mi in de Familie jedet Johr, „is dat nu een Boom mit or ahn Schönheitsoperatschoon?" Un denn trekken un rüddeln se so'n beten an de Twiegen. Willn sehn, wat de ok anliemt sünd.

Dat hett in de Vergangenheit genog Familiendramen geben! Graad an dat Fest vun de Liebe!

Hüüttodaags is dat Dannenboom Koopen een „Event". Du geihst nich eenfach an de Eck und söchst wat ut. Nee, dat is'n Grootveranstaltung mit Eeten un Drinken, Partystimmung un Juchheidi! Ganze Familienclans sünd ünnerwegens, bringt sogor noch ehrn Dackel Waldi mit. Pass man goot up, dat de nich jüst an dienen Boom dat Achterbeen na baben anwinkelt.

Jedeen hett wat mittosnacken un to bekieken. Eerst vun een Siet un denn vun de annere.

„Dreih em nu noch mol üm, Vadder. Wekke Siet schall denn nu in de Eck vun de Stuuv stahn? Dor kümmt dat jo nich so up an."

„Nee", seggt mien Greta, „lat denn ollen Krüppel man stahn. Wi wüllt noch mal'n beten kieken. Mit'n Dannenboom mutt dat sotoseggen ‚Liebe auf den ersten Blick' ween."

Greta geiht'n poor Schreed vörut, blifft stahn. Ehr is wat infallen: „Denk doran, Tant Lisbeth kümmt dit Johr ok wedder. De hett jümmers so'n scharpet Oog un eene ganz spitze Tung. Nee, lat us man de Nordmann Tanne nehmen. Dat makt ok'n beten wat her. Denn kann Tant Lisbeth naderhand nich sludern un Geschichten in de Familie vertelln. Du kennst ehr jo."

„Och", antwoort ik, „wi kennt de Nücken vun Lisbeth. Wenn de olle Füerbessen nix to griesmuhlen hett, is se nich tofreden."

Is de rechte Boom endlich funnen, kümmt nu noch de leidige Fraag: In wekke Farv schall he denn dit Johr in de Stuuv lüchten? Fröher hal Vadder de Kist mit den Wiehnachtsboom Schmuck vun'n Böhn dahl un denn weert dat. De oollermodschen Kugeln und de feine sülvern Spitz - sünd noch allerhand Saken vun us Grootollern dorbi. All de Johren besünners vörsichtig in Seidenpapier inwickelt, hebbt se dat Wiehnachtsspektakel överlevt. Un dat Lametta wörr noch an hilligen Avend fein glattbögelt.

Hüüt kannst du di överleggen, schallen de Kugeln und dat annere Gedöns nu in Witt, in Blau, Pink or Geel ween? Allens akraat upnanner afstimmt. Johr för Johr in een annere Farv.
„So'n kakelbunte Kugeln kamen bi mi nich in't Huus", seggt mien Greta, „himmelblau, dunnerpink un kohschietengeel köönt se sik an'n Hoot steeken."

Wenn du so bi lütten de Nees vull vun all den Wiehnachtsstress hest, denn bestellst du den ganzen Kram in't Internet. Bruukst keen Foot mehr vör de Döör to setten un di in dat Gewrögel to störten. Warrt allens anlevert und ok upstellt. Nömt sick dat „Ründüm-Sorglos-Paket" för den hilligen Avend. Dor kannst du denn ok een saftigen Wiehnachtsbraden mitbestellen. Wahlwies'n stevige Havermast Goos ut heimische Bestände or ok'n Rehkeule. Rotkohl un Klöße sünd inklusive, genau as een Wiehnachtsmann. Een Student ut dat veerteinste Semester, de sick'n beten toverdeenen mutt, wiel he keen Bafög mehr utbetahlt kriggt.

To Wiehnachten kreegen de Kinner fröher mol'n Slee or Striedschoh, ok mol'n Poor wullen Hanschen or'n niege Pudelmütz mit bunte Klunker an. Mehrstendeels dat, wat se so bruken deen. Un denn höörte een bunten Teller mit Nöt, Figen, Appelsin un Appeln dorto. Jümmers leeg dor ok noch wat Slikeree bi, Marzipankugeln, Kringel or'n Stück Schokolaad.

Dor kannst hüüt nüms mehr mit begeistern. Dat mööt all'n Smartphone or'n mp3 player, hochwertige Markenkledaasch or noch beter „dütt un datt" un „dütt ok noch" ween. Kiek, nu sünd wi in'n Kosumrausch anlangt.

De gröttste Freid in de Wiehnachtstiet is, wenn dat Fest endlich vörbi is. Glööv avers nich, dat de Stress to Enn is. Geiht los mit de Ümtuuscheree. Vadders niege Büx sitt'n beten knapp, hett mehr tonohmen as annohmen.

„Över'n grooten Moors hööört ok'n groote Büx", klingt Tant Lisbeths Kommentar mi noch in de Ohren.

Mudders Parfüm is ok nich recht utsöcht.

„Dat rüükt nich na'n feinen exotischen Strand mit Palmen un roden Sünnunnergang, nee, dat stinkt mehr as soon Schaapstall." Kannst mol raden, weer dat seggt hett. Dat harr meist noch Tranen geben.

Un de Kinner? De hebbt ok wat to tuschen un seggt denn genervt, dat se anner Johr Wiehnachten lever „Bares auf die Kralle" hebben wulln. Un denn fraagt se ok noch, worüm se denn jümmers pädagogisch wertvulle Geschenke kregen deen, de wullen se tokünftig nich mehr utpacken! Use Ansichten weern jo vun ehrgüstern. Dat schullen wi as Öllern us man dick un breet achter de Ohren schrieven. Geschenke, de müssen doch vun Harten kamen, ahn tüksche Achtergedanken.

Gah mi an Land. Ik bün heel un dull perdu. Goot, dat Wiehnachten vörbi is. Anner Johr maakt wi dat allens anners. Ganz anners. Kannst di up verlaten. Wi düüst eenfach weg. Na de Malediven or Fuerteventura. Viellicht ok mal wedder so richtig in'n Snee.

Avers, wat maakt wi denn mit Tant Lisbeth?

Corona

Dat sünd bannig düstere Wulken, de sick dor an'n Heben tosomenschoven hebbt un dat Gewitter keem denn jo ok glieks achteran. Pandemie. Oha, wat för een Blitz- un Dunnerschlag! Toeerst noch wiet weg, ganz achtern in'n fernen Oosten, in Wuhan. Vörher kenn dat keen Minsch, noch nie nich wat vun hört un denn steiht de Gegend mitnmol weekenlang midden in'n Focus. De Lüüd müssen erst mol in den Weltatlas kieken, woneem dat denn woll liggen deit.

Blots mien Naver Peter, de harr dat all ehrder wies kregen. Sien Neffe Hubertus studeer Sinologie in't twalfte Semester un schull jüst in dat nee'e Semester dor hen, üm direkt an de Front mol siene Spraakkenntnisse uptorüsten un antowennen. Dat harr hüm sien Perfesser anraden, sien Chinesisch harr noch'n ekeligen Dithmarscher Tungenschlag.

To'n Glück is de chinesische Provinz bannig wiet weg, allens kunn jo bi us so wieter lopen. Na, fleitjepiepen, dat harrst du di so dacht.

Mit Jetgeschwindigkeit flog de Virus nu dörch de Welt, un sett sik överall fast. Toeerst in Italien un de südliche Hemisphäre, jüst dor, wo nun de Touristen ut Düütschland in de Ferientiet henföhren deen.

Schnorcheln in Ägypten. In Tirol un annerwegens mit de Skier de Bargen runnersuusen un bit in de Nacht düchtig fiern, Apres Ski, danzen up Stöhl un Dischen.

Un as se denn torüch in Hamburg, Bayern or Baden-Württemberg weern, dor harrn se den Corona Virus all intus un kunnen em direktemang an all de Frünnen un Navers wieter geven. Covid 19 suust nu dörch de Republik un nix nich kunn em upholln. De Lüüd harrn sik nu to Dusenden infizeert un de Ollen weern besünners gefährdet. Keen Besöök mehr in de Alters- un Plegeheime, Omas un Opas kunnen nich mehr up de Enkelkinner uppassen un överhaupt: De Minschen sulln nu mol so richtig Afstand hollen un sick nich egalweg de Hannen schüddeln. Jümmers de Hannen waschen un reinmaken weer erste Plicht.

De Geschäften sullen de Dören tomaken. Dat Gewitter harr nu ok de Politik un de Ökonomie to faten – wat'n Dörchenanner un baben de swatten Wulken! Krisenmanagement weer nu anseggt. Jedeen Dag kemen nee'e Meldungen un Erlasse un wi all müssen us up een lange Tiet instellen, wo dat gewohnte Leven nich mögelt weer. Kannst man nich so eenfach na'n Putzbüdel hengahn oder di dat lahme Krüz dörwalken laten. Ok dat leckere Mehlbüdel Eeten fallt ut. Nu müsst di wedder an'n egenen Heerd stellen un kannst mol so richtig nee'e Rezepte utprobeern.

Överhaupt, wenn du eerst mol de Horror Meldungen verdaut hest, denn hett disse Tiet jo viellicht ok wat Positives. Ok wenn du Afstand hollen deihst, de Lüüd staht doch dichter tosamen. Schoolkinner fraagt bi de ollen Naverslüüd na, of se nich vun Supermarkt un de Aptheek wat besorgen schulln. Se harrn jo Tiet, in de Schoolen weern de Dören fast verrammelt. Statt Präsenzunnerricht gung nu allens online, digital. Avers dor kunnen de olleren Schoolmesters nich so gau up umschult warrn, stellden sik ok een beten dösig, rein begriffsstutzig an. Mussen sik dat eerstmol vun ehre Schoolkinner verkloren laten un markten, dat dat mit dat Lernen gor nich mehr so eenfach weer.

Wieldat de Lehrer vör den Bildschirm an Sweeten weern, harrn de Kinner jo Tiet noog, mit den Hund ut de Naverschap Gassi to gahn.

Soziale Fürsorge, een Begriff, de nu mit Inhalt füllt ward. Ok de Regerung hett een ganzet dicket Paket schnürt, un helpt, wo dat man irgend geiht.

In Venedig, dor keemst nu jo nich hen wegen Reiseverbot, kunnen de Bürger wedder dör klaret Water in de Kanalen bit up den Grund kieken un sogor de Fischen sehn, de dor herumschwemmen deen.
„Kiek", seen de Deerten tonanner, „de Sünn schient jo doch noch up den Canale Grande!" Natürlich seggt se dat up italieensch, plattdüütsch verstahn se jo nich in de Lagunenstadt un köönt dat ok nich snacken.

De Straten sünd lang nich mehr so vull, dat süht meist so ut as bi de Ölkrise in de söventiger Johren. Un Peter un Uschi, de in Hamborg Langenhorn in de Einflugschneise wahnen, seggt, dat se noch nie nich so ungestört in'n Goorn sitten kunnen. De Flegers stunnen an de Grund fast. Un an den Krüüzfohrt Terminal in'n Hamborger Haben - gähnende Leere. De Bewohner vun de Hafencity kunnen nu mol so richtig de Finster upmaken, ohne dat de Gestank un de Fienstoff jem in de Bude treckt.

Dat ganze Leven is nu entschleunigt - keen Renneree mehr, mehr Besinnung up de Saken, de in de letzten Johrn ünnergahn sünd. Nu markt männicheen, dat dat nich jümmers üm „höher, weiter, schneller, mehr, moderner, besser..." geiht - Minsch, kaam mol runner vun dat hooge Peerd un fraag di, woneem du herkümmst un wie du bit nu diene Daage und Weeken, diene Maande un Johre levt hest. De Antwurt kannst du di an'n besten sülven geven.

Un denn kannst ok glieks een Dankeschön senden an all de Minschen, de nu helpen un de Versorgung sekerstellen: Dat medizinische Personal, de Verköperinnen in'n Supermarkt, de Lastwogenfohrers, de Müllwarkers, de Bäcker un Postbeamten, de Busfohrers un de Zugführer, un... un ... un...

Un ok de, de di Moot un Toversicht tospreeken. „Wi schafft dat!"

Hier is de Geschicht avers noch nicht to Enn. Geiht nu erst richtig los. Dat weer blots de erste Welle. All de scharpen Inschränkungen gungen wieter un an Enn harrn wi denn den Lock down. Dor gung sotoseggen gor nix mehr. Wenn du noch nich impft weerst, denn kunnst nich mehr ünnerwegens ween. Man Impftermine weern nicht to kriegen, dat Internet weer överlastet un de Impfstoffe noch nich in de notwennigen Mengen to Verfögung. Un ehrder de Lüüd sik versehden, keem all de tweete, darte un veerte Welle un full de Minschen an.

„Sprütten, sprütten, sprütten", seen de Virologen. Anners weer dat nich in'n Griff to kriegen.

„Nee", schriegen de Impfgegegners und Verschwörungstheoretiker. „Wi wüllt ganz alleen över usen Körper bestimmen un us in de persönliche Freeheit nich inschränken laten!" Chaos up de Straten un in de Koppen.

Un in disse Situatschon kreegst ok noch bannig veel ne'e Wöör to hören. Inzidenzwert, Hospitalisierungsrate, Boostern. De haun se di nu all meist över een Johr jedeen Dag in de Narichten um de Ohren.

Is woll noch lang keen Enn afftosehn. De Varianten vun Covid 19 speelt mit de Minschen un sünd jümmers poor Schreed vörut.

Un wat seggen de Fischen in'n Canale Grande nu. „Warrt Tiet", seggt se, „dat dor wedder een wietere Welle kümmt, de allens lahmleggt. Denn köönt wie mol wedder in de Sünn kieken!"

Avers dat seggt se jümmers noch up italieensch. Is jo nüms dor, de mit jem plattdüütsch snackt.

Dor is noch keen Kruut gegen wussen

Du kennst seker den Spröök noch ut de School, wenn de Klassenletzte an de Tafel stunn un he kunn eenfach mit de lichteste Upgave nich torecht kamen. Denn keem ut de Reegen vun de Mitschölers meist'n poor deftige Sprök un all stöhtnen se up un haun sik mit de flache Hand vörn Kopp. Passeerte dat in'n Rekenünnericht, denn sung de ganze Klass

„ja, da muss ja an der Leitung etwas nicht in Ordnung sein", un Schoolmester Hein Edler stunn an't Katheeder un dirigeer mit dat holten Lineal, womit he anners ok licht mal de Finger vun siene Schoolkinner trakteerte. De Schoolmesters weern dunnemals noch nich so sensibel un trekken de Samthanschen an. So'n arme Schölerseel harr allerhand uttohOlln. Blots bi Lucie Wefer ut de Diekstraat beet Hein Edler up Granit. De anter free weg:

„Lassen Sie mir man zufrieden, ich mach schon meinen Weg!"

Dor weer sogor de Schoolmeester baff un us Lucie hett nahst ok een rieken Buurn heirat un de beiden harrn fiev gesunne Kinner. Lucie hett ok noch'n Führerschien maakt, bruukt se jo för den Trecker. Uterdem muss se de Kinner na de höhere School henföhren, maken all Abitur.

An de Universität in Hamborg harrn wi'n Perfesser in Pädagogik, de vertell de angohenden Lehramtskandidaten, dat man de Saak mit de minschliche Dummheit mol unner'n ganz annern Blickwinkel sehn muss. Ok Dummheit is een Wunner vun de Schöpfung un se bringt veel Staunenswertes an't Licht. Wenn'n mit disse Instellung in't Leben stunn, denn kunn di so gau nix ümsmieten. Avers in de Klausuren musst du liekers dien Kopp bewiesen, anners geev dat keen Testat.

In een Langzeitstudie hebbt de Forscher faststellt, dat siet de negentiger Johrn de Intelligenzquotient signifikant na ünnen geiht. Meist jüst so as de Gletscher in de Alpen, de wörrn ok beständig an Wegsmölten. Dat weer beängstigend, denn in alle europäischen Lannen is so een Tendenz upfullen. De Forscher nömen dat een „länderübergreifendes Phänomen". So harrn se bi de wehrpflichtigen jungen Mannslüüd in Düütschland faststellt, dat de jümmers weniger Fragen to de Landeskunde un de politischen Verhältnisse beantwurten kunnen. Ok in de Grundfertigkeiten vun Lesen, Schrieven un Reken harrn se düchtig nalaten.

Bekannt worden is dat Upstöhnen vun een Utbilder in'n Grundwehrdienst. De harr faststellt, dat de Kerls nich mol mehr liekut lopen kunnen. Een Punkt in't Gelände harrn föfftein Mann eerst gor nich funnen, leepen noch in Düstern dörch de Feldmark. Harrn Westen mit Oosten verwesselt. Goot dat dat erst na de Weddervereenigung wesen is, anners harrn disse Dööskoppen noch den darten Weltkrieg utlöst un dorbi ok noch Glück hatt, dat keen zivilen Jägersmann ünnerwegens weer un jem mit'n Wildswienrott verwesseln de. Denn harrn se glieks Bekanntschaft mit de Front makt.

Nülich gung dör de Narichten, dat se midden in de Lüneborger Heid in't Naturschutzgebiet, kort vör den Wilseder Barg, een Busfohrer mit dreeunfofftig Utflüglers an Bord stoppen mussen, de partout nich insehen wull, datt de Straat na de Oostsee annern Verloop harr. De gode Kerl harr jümmers up sien Navi keken un weer midden dörch de Heidsnukkenherd föhrt. De Scheeper harr sik blots dörch een beherzten Sprung na de Siet retten kunnt. Un watt hebbt de Passagiere dorto seggt? Düchtig schimpt hebbt se, denn se mussen den ganzen Weg dör den Sand torügg lopen. De Bus harr sik in een deepe Sandkuhl fastfohren.

Nu sett di man nich glieks up dat hooge Peerd, wiel se di noch een umfatende humanistische Bildung in de School intrichtert hebbt un du noch ut Goethes Faust oder Schillers Wilhelm Tell zitieren kannst. Vun wegen „Heinerich mir graut vor dir“ or „die Axt im Haus erspart den Zimmermann“. Viellicht fallt di ok noch „durch diese hohle Gasse muß er kommen“ in. Dor kannst hüüt nich mehr veele Minschen mit beindrucken. Is allens Bildung vun verleden Daagen. Twitter, Facebook, Instagramm un de ganze Computerkram sünd Saken, över de du in disse Tied Bescheed weeten müsst, anners löppst du Gefohr, dat de Lüüd vun di seggt, dat du jo woll wiet achtern Maand wahnen deist. Wo kunn man blots so ramdösig dör de Welt gahn.

Mien Enkelkinner kieken mi duerhaftig an, wenn dor mol wedder een Comuterproblem uptreeden is. Un mien Greta? Wat maakt de?

„Ich rufe Julia an“, seggt se, „da ist eine Fachfrau gefragt, du hast ja leider keine Ahnung!“

Överhaupt, wat sall de Diskussion över de nalatende Intelligenz. Is doch ganz egal, woneem dat herkümmt. Liggt dat nu an de Chemikalien in de Landwirtschaft or an dat PCB in de Plastikbuddels. Toveel Fleesch eeten is ok nich gesund vör‘n Breegenkasten. Nich wenige Forscher seegen de Verantwurtung ok bi de Bildungreformen, de in de letzten Johrn jümmers mol wedder as Heuhüppers up uns dalfallen sünd. Na de Mengenlehre kunnen veele Schoolkinner jo nich mal mehr söben un veertein tosamen tellen. Wer snakt hüüt noch vun Schnittmenge un Vereenigungsmenge – keen Minsch! Mit de Rechtschrievreform hebbt de Kultusminister ok nich dat geele vunt Ei funnen.

De neeste Forschungsrichtung wiest di avers een wunnerbaren Utweg. De ganzen Tests seggen nix över de hüütige Intelligenz ut. Intelligenz, hebbt de kloken Perfessers herutfunnen, dat weer blots een Oort soziales Konstrukt. De wörr jo överhaupt nich existeeren un dorüm kunn de ok nich rünnergahn. Vundaag is dat veel wichtiger, dat du över eene emotionale Intelligenz verfögen deist. Jüst in de Partnerschaft weer dat de allerwichtigste Punkt, de du in een harmonische Beziehung inbringen kunnst. Wat nützt di dat, wenn du över de swatten Lökker in't Weltall un över Einsteins Relativitätstheorie Bescheed weest, de Einfühlsamkeit to dien Partnerin avers fehlen deit. Denn weer dat mit de Beziehung man schlecht stellt un du musst nödig in een Partnerschaftsberatung.

Up de Befindlichkeiten vun de Kinner is in disse Tieden besünners to achten. Wenn se di nich bi't Dischaffdecken helpen un ok ehre Kamern nich uprüümen willt, denn sünd se jüst in dissen Oogenblick in een wichtige Lebensphase, wo se sik mit Autoritäten utnannersett. Du schienst för dien Kinner nich dorto to gehören.
Eendoont, wat du nu denken deist. Ik maak mi keen Sorgen över nalatende Intelligenz. Is dat nich all jümmers so ween, dat een Dummen gor nich weet, dat he dumm is. Denn för disse Erkenntnis bruukte he jo Intelligenz. Vör lange Tiet hett Sokrates all seggt: „Ich weiß, dass ich nichts weiß."

Wenn dat mit de Intelligenz jümmers so wieter geiht bi de Minschen, löst sik dat Problem vun sülben, wiel alle Lüüd meenen, se sünd bannig klook.

Is doch fein inricht vun de Natur, dat de Dummheit nich in't Gesicht aftolesen is. Aversten woher kümmt denn de Seggwies „hüm is de Dummheit in't Gesicht schreven"?

Mi schient, datt de Minschen fröher eene veel utgeprägtere Wohrnehmungsgaav harrn. Hüüt kiekt se all blots noch in eehr Smartphone or Tablet un nich mehr in diene Oogen. Weer dor denn nich veel mehr in to sehn?

Mien Greta hett jedenfalls Oogen as een Luchs. Wenn ik mi mol vörnehm, eehr wat to verswiegen, mi sotoseggen dumm stell, denn markt se dat glieks.

„Weißt du“, hett se erst güstern to mi seggt, „manche Männer sind doch sehr klug und fragen ihre Liebste nach einem passenden Geburtstagsgeschenk.“

Nu lat di man nix anmarken, segg ik so in Stillen to mi. Goot dat ik de Reknung vun dat Bögelisen noch in de Tasch harr. Gau ümtuschen un in de Accessoir Afdeelung den roden Siedenschal inpacken laten, de mien Greta letzte Week so intensiv ankeeken harr. Dat weer jo'n Wink mit'n Tuunpahl wesen. Ik hebb doch schließlich Oogen in Kopp un ok een gewissen Instinkt. Dat is so wat ähnliches as Intelligenz.

Dor is wat in Busch

Klock söben ruttert de Wecker. Dat is mehr so'n Gewohnheit, denn mien Greta un ik mööt nich mehr unbedingt up Tiet ut dat warme Nüst upstahn. Wi sünd jo in Pension. Hebbt dat nich mehr so drock. Köönt us Tiet laten un allens beten kommodiger angahn.

„Bleib mal noch ne Viertelstunde liegen", seggt Greta to mi, „ich mache heute das perfekte Frühstück!"

Na, denk ik so vör mi henn, dor is wat in'n Busch. Avers denn drusel ik wedder in un dröö m so'n gruseligen Krom, dat ik hochschreck un pielliek in't Bed sitt. Nu wart Tiet, Greta singt all luut in de Köök „Bruder Jakob, schläfst du noch?"

„Sett di man eerst mol henn", seggt mien Allerleevste, „ik hebb di all een Tass Koffie inschenkt!" Oha, denk ik, wenn Greta mol Plattdüütsch snackt, denn hett se wat vör. Un een Ei steiht ok up den Disch, dat gifft anners blots an'n Sünndag.

In mien Kopp rappelt dat nu as in'n Computer. Hest du een wichtiget Ereignis vergeeten? Hest nu all dree Daag nich in dien Terminkalenner keeken. Nee, Gretas Geboortsdag is eerst nächste Week Middewäken un use Hochtietsdag dree Weeken later. Blomen hett Greta ok eerst vör veertein Daag kreegen. Nee, beruhig ik mi, hest nix versüümt or vergeeten, allens in Botter.

Ik lat mi nix anmarken, Greta hett besünners fiene Antennen dorför, wenn ik so'n beeten in de Kniep bün, un so kiek ik denn ganz unschüllig ut dat Finster un do so, as wenn ik de Vagels beluur.

Greta steiht up, schenkt mi de tweete Tass Koffie in un strakt mi so sacht över den Rüüch. As se sik wedder hensett, hett se een grooten Zeddel in de Hannen un leggt em vör sik up den Disch.

„Weißt du", plinkert se mi to, „ich hab mir was überlegt!" Un denn vertellt se, dat se wat in de Zeitschrift „Psychologie heute" lesen harr un dat, wat Diplompsychologin Susanne Glück dor schreev, lücht er totol in. Un dat wull se mi nu mol so recht verkloren.

„Es geht um die tägliche To-Do-Liste, fangt Greta an. De Psychologin harr herutfunnen, dat dat nich mehr zeitgemäß weer un eher een kontraproduktive Wirkung harr. Jo, anter ik, dat harr ik all lang murken, denn wenn se de List jeden Avend tosomenstellen de, denn weer mien goode Laune gau to Enn un dorbi harr ik keen sehnlicheren Wunsch, as harmonisch mit eehr bi'n good Glas Rotwien tosomentositten. Ik kunn dat Resultat vun de Psychologin ut eegene Beleevnisse bestätigen. Denn kunnen wi us jo vun de Listen verafscheeden un hüüt Avend mol ganz entspannt binanner sitten.

De Dag fangt jo good an, frei ik mi, nehm dat Mess in de Hand un köpp dat Ei.

„Schmeckt wunnerbor un hett jüst de richtige Konsistenz", segg ik noch to mien Greta, avers dor hett se all wedder den grooten Zeddel in de Hannen.

„Susanne Glück", leggt Greta nu los, „hat eine wesentlich effektivere Lösung vorgeschlagen!" Nu is mien Allerleevste Füür un Flamm un verkloort mi, wi dat uttosehen harr. Dat weer in Ganzen zielorientierter, wenn een Gesamtlist vun de Upgaaven existeere, de in dat nächste Vierteljohr to erledigen weern. Dat beste weer, fofftig Dinge uptoschrieven, de in disse Tiet to maken weern. Un an de Spitze schullen all de Saken stahn, de man all jümmers maken wull un de ni nich erledigt weern. Sotoseggen Arbeiten, to de man afsluut keen Lust harr, wiel se bannig unbequem weern.

„Und da ist bei uns ja kein Mangel“, kiekt Greta mi an. Se harr ohne Probleme dreeunveertig Punkte funnen un upschreeven. Ik kunn jo noch wat bistüürn, wenn se dat een or anner vergeeten harr.

„Und nun die gute Nachricht“, höör ik eehr noch seggen. Jedeen Dag weer blots een vun de notwennigen Upgaaven kloor to kriegen. Dat föhrde to een gröttere Tofreedenheit. Endlich harr man de Schietarbeit fardig un kunn een dicken Streek ünner de Saak trekken. Wieso man dat nich all lang maakt harr, kunn man jo gor nich mehr verstahn. Dat weer de Reaktion bi de meisten Probanden vun de Forschungsarbeit vun Susanne Glück, behaupt se jedenfalls.

„Ich habe dir den Artikel schon auf den Schreibtisch gelegt“, seggt Greta noch, as se mi den Zeddel in de Hannen drückt un mit den Dumen up de eerste Upgaav wiest.

Na, ik mööt mi nu erst mol verhalen, dat weer jo een niederschmetternde Naricht. Avers lesen wull ik dat doch, wat de Psychologin rutfunnen harr.

Die Aussicht auf ein harmonisches Miteinander beflügelt Ihre Fantasie und Sie werden erleben, wie innere Zufriedenheit ihr Leben verändert, steiht dor dick un breet.
Wat hett dat mit mi to doon? Rein gor nix. Ik bün fein tofreden, un ik will mien Leven jo överhaupt nich verännern. Wenn ik mit mien Allerleevste avends mit een fein Glas Rotwien in de Stuuv sitt, denn föhl ik een intensive Harmonie, de hett sik twüschen Greta un mi mit in't Wohnzimmer hensett.

Wenn ik ganz ehrlich bün, denn stört de Upgaavenlist vun mien Greta mi överhaupt nich. Stahn jo all de Saken up, de ik mi sülben vörnahmen harr un dor kunn ik jo jümmers noch to seggen, dat ik bestimmte Upgaaven noch nich schafft harr. De weern allerdings bi mi „up den Schirm!“ Avers so'n List mit föfftig Saken – nee, dat weer jo deprimierend, direktemang eeklig, kontraproduktiv!

Un nu bün ik an't Rätseln. Wi kann een Minsch blots „Glück“ heeten un soo'n Tüünkrom schrieven. De kann sik doch överhaupt nich in de Situation vun uns Mannslüüd inföhlen, is wohrschienlich eene........jo, ganz bestimmt is dat eene... !

Nee, dat segg ik nu leever nich, denn haut mi de „Me to“ Bewegung dat nahsten noch üm de Ohren.

„Ik gah mol eben röver na Peter“, wink ik Greta to. Peter is mien Naver un wi sitt gern mol up'n Dutt tohoop un drinkt'n Buddel Beer, Ratsherren Pils, meist avers een leckeret Pils ut Dithmarschen. Denn köönt wi ok mol use Gedanken uttuuschen un jümmers hett Peter een goden Raat, denn mit sien Hertha hett he all allerhand beleevt.

„Ut de Nummer kummst du schlecht wedder rut, ik kenn dat“, kommenteert Peter mien Klagen. „Dor müsst du Fingerspitzengeföhl an'n Dag leggen un sotoseggen mit een psychologischen Gegenangriff rangahn.“ Un denn klamüstern wie een Plan ut.

Annern Morgen rappelt de Wecker, ik weer all een halve Stünn vörher waak un segg to mien Greta. „Hüüt bün ik mit Fröhstück maken an de Reeg, bliev man noch een Viertelstünn liggen!“

Un denn deck ik den Fröhstücksdisch: Hal dat goode Geschirr, dat wi vun Tante Bernhardine arvt hefft, ut't Büffet, treck een witte Dischdeek up un dekoreer dat allens so'n beten gefällig. Nu noch de Kers ansteken un den Koffie inschenken. De Blomen stahn ok all in de Vaas, dree rode Rosen!

„Unnerschätz de Symbolkraft nich“, harr Peter mi güstern noch naropen, „un vergeet nich, den Zeddel dor antobummeln.“
Jüst as ik de Eier in’n Beeker stellen will, kümmt Greta.
„Sett di man dal“, segg ik un strak her so sachten över den Rüüch.
„Ik heff den Koffie all inschenkt un de Rundstücken sünd upbackt. Un hier steiht de Marmelad‘, Brombeere, de ittst du jo to un to geern.“

Ik bün nu innerlich gespannt as’n Flitzbogen, avers mien Allerleevste deiht so, as harr se den Zeddel gor nich sehn, kickt ut dat Finster un beluur de Vagels. Man in ehrn Kopp ruttert dat gewaltig, denn se strickt sik jümmers de Hoorlocken an de Siet.
„Ein untrügliches Zeichen, dass Mutti etwas überlegt“, hett us Dochter fröher jümmers seggt. Dat Fröhstück geiht toenn - un nix passeert.
„Den Zettel les ich später“, seggt Greta un schickt mi ton Inkööpen.
„Bring doch noch 10 Eier mit, hab‘ ich vergessen aufzuschreiben“, stüürt se mi los. „Wir haben ja anscheinend einen höheren Bedarf als üblich!“

Bi Feinkost Meta Bruhns droop ik Peter, de mi interessert fraagt, wi dat denn nu utgahn weer.
„Kann ik nich seggen“, sää ik, „dat krieg ik glieks to weeten, wenn ik wedder in’t Huus bün. Greta leest jüst noch den Zeddel.“

Wedder tohuus nimmt Greta mi den Inkoopskorv ut de Hannen.
„Ik heff mi as dull freit hüüt morgen. Du hest een wunnerboret Fröhstück maakt“, seggt se. „Un recht hest du, wi wüllt de dägliche Upgaavenliste man so laten, dat is allens över-

sichtlicher un hett sik doch ok bestens bewährt.“ Un denn drückt se mi een Sööten up.

Ik weet siet disse Tied nu överhaupt nich mehr, wat dat mit mien psychologischen Gegenangriff so klook weer, denn genau disse Lösung harr ik jo up den Zeddel schreeven.

Ik hebb den Verdacht, dat dat vun Anfang an Gretas Plan weer, mi mit de föfftiger To-Do-List to schockeeren. Un hett se eben nich all wedder Pattdüütsch snackt?

Denn is dor wat in'n Busch. Jo, bi mien Greta musst du höllsch uppassen, jümmers up'n Quivive ween, besünners, wenn dor wedder wat in'n Busch sitt.

Een staatschen Kerl

Nee, wohrhaftig, de Mannslüüd hebbt dat in disse Tieden nich licht. An alle Fronten bröckelt de Vörherrschaft. Wenn du hüüt as Kerl nich kaken kannst, wenn du di bi't Waschen, Bögeln un Stoff wegsuugen appeldwatsch anstellst, wiel in Hotel Mama dien Mudder allens för di maakt hett, denn genögst du nich mehr de Ansprüche vun de emanzipeerten jungen Froonslüüd. Du müsst di bannig anstrengen, dormit du noch eene afkriegen deist. Nu schimp man nich mit dien Mudder, dat de versümt hett, di de Arbeiden, de in'n Huusholt anfallen, op Tiet bitobringen. Harrst jo man sülben de Initiative in Gang setten kunnt, avers nee, dat weer jo ok bannig bequem un dien Mudder hett dat jo ok Spoos makt, ehren Söhn to verwöhnen, ok wenn du den sössundartigsten Geboortsdag all achter di hest.

Vör allen Dingen müsst du glieks anfangen, di üm dien Outfit to kümmern. Kiek se di doch an, wi se utseht, de Schwarms vun de jungen Deerns. Waschbrettbuuk, dree Daage Bort, dörchtrainierte Muskulatur, brunbrannte Gesichter, een dör un dör sympathische Erscheinung. Dor fleegen di de Harten to. Un wenn du noch in diene Persönlichkeitsfacetten veel Empathie leggst, goot tohörn kannst un jümmers Verständnis för weibliche Lebensphilosophie signaliseerst, denn kannst du di vör Angeboten nich mehr bargen.

Wenn du mit dien Outfit untofreden büst, denn gifft dat verschiedene, upnanner afgestimmte Entwicklungsschritte, de di vöran bringen. Du müsst di dat as so'n Modulbokasten vörstellen. Toeerst geih't na'n Putzbüdel, nee, nich dorhen, wo du immer hengahn büst, de hett di jo so'n langwieligen Einheitsschnitt verpasst. Dat weer nix besünneret. Gifft jo hüüt de aktuellen Trendsetter. Kummst dor in'n Laden, ward toeerst een Typenberatung fällig. In'n Achtergrund löppt dezente Musik, de neesten Leeder ut de charts, dor müsst du denn ok so'n beten mitwippen un mit de Fingers snippen, anners denken all tohoop, du kümmst ut Posemuckel un hest vun nix nich de Ahnung. Un kumm blots nich up de Idee, dat sull een Faconschnitt ween, denn smiet se di womögelt rut.

An de Siden mööt de Hoor weg, ratzekahl, blifft nur noch so'n lütte Insel midden up'n Kopp stahn. Wahlwies könnt se di dat Kopphoor ok ganz afraseern un maakt denn an de Siden noch so'n poor Zacken, fast bit up de Huut. Sücht schnittig ut un erinnert di an de zackigen Haifischflossen vun de grooten amerikanschen Autos ut de föfftiger Johren.

Dien Arms un Schullers sünd jo noch schier un glatt un unberöhrt. Wo levst du denn? Nich een Tatoo? Dat geiht överhaupt nich. Wenn du an'n Strand büst oder in't Schwimmbad, denn kannst doch nich mit'n witten Körper antreden. Wo sücht dat denn ut? Makst di jo reell lächerlich. Fang man toeerst mit een Oberarmpartie an, villicht sogor noch beten mit över de Schuller. Nich blots allens in eene Farv un ok nich so as de Matrosen fröher, een Anker un'n Hart. Dat is ut de Mood. Hüüt hannelt sick dat üm mystische fernöstliche Fabelwesen de dor up dienen Körper rümkrabbeln un fleegen. De Utwahl is bannig groot. Un lat di dor glieks gröne un rode Farvschattierungen twüschen mischen, denn büst du up to date.

Nu geiht dat wieter in't Fitnessstudio. Mit diene nee'n Tatoos fallst du erst mol nich as Neeling up. Dat geöwte Oog markt avers gau an diene schlappe Körperhaltung, du büst dat nich wennt, an de sülverfarbigen Geräte to arbeiden, brukst erst mal een Inwiesung. Insgesamt, seggt een ehrgeizige Trainerin to di, müss dien gesamte Muskulatur dörwalkt warrn. Dor hangt noch veel to veel unnütz rüm. Un denn wiest se di de ünnerscheedlichsten Übungen un du müsst de all ünner ehr kritische Oogen namaken. Na tein Minüten kannst de Been un Arms nich mehr recht stüren, büst düchtig an't Zittern. Dat güng all de Övergewichtigen so, dat wörr mit de Tiet beter, seggt dien attraktive Vörturnerin. Du sullt man geduldig ween. Un ton Enn vun de erste Stünn neem se di noch so'n beten na de Siet. Se wull di jo nich kritiseeren, avers so'n Tüüg kunnst du unmögelt to dien Fitnesstünnen antrekken. Du harrst jo woll sehn, dat se hier in't Studio Wert up een körperbetonte Kleedung leggen deen. Jo, dat weer di selbstverständlich upfallen, seggst du, besünners bi de Froonslüüd. Bi ehr jo ok, dat glitzer man so un harr ok'n gewissen Pfiff. Un ok de Mannslüüd, jo, de harrn düchtig wat investeert un dat wullt du nu ok. Dat weer de richtige Instellung, seggt de junge Deern to di. Un se frei sick, di nun dreemal in de Week hier an de Geräte sweten to sehn. Nächste Week geevt denn noch eene Ernährungsberatung, se harrn hier allerhand Energy Drinks un ok Ernährungs Ergänzungs Präparate.

De Weg in't Glück is nu vörbereit. Nu fehlt blots noch een Kursus, de di vermittelt, wi du an besten mit de Froonslüüd in't Gespräch kummst. Wat sünd aktuelle Themen, wat kannst du to de Ünnerhollung bistürn? Mol över'n goden Film snacken or een aktuellet Book. An besten, du hest dat ok lesen, tominst een Kritik doröver. Viellicht ok över de Elvphilharmonie, dat dat fast unmögelt weer, Korten to kriegen - up de Plattform weerst du allerdings all ween.

Kannst jo nich jümmers as so'n Dösbaddel blots över dat Weer or diene Arbeit klookschieten. Dat is langwielig, dat will keen attraktive Fro hören. Du müsst di also ümfatend up so'n Date vörbereiten. Goot dat de Volkshochschool glieks üm de Eck is, denn kannst dor na Fierabend jo hengahn.

Diplompsychologin Susanne Glück is dor tostännig und dat gode is, du kannst ehr över eene hotline dörchgahns anropen. Wenn du midden in dien Date mol nich vöran kummst, denn gau an't Handy un Susanne helpt wieter. Avers toeerst liehrst du bi ehr, dat du dien Partnerin ok in de Oogen kieken deist, wenn du mit ehr snackst, un nich up de Knee or na den knackigen Moors or womögelt noch annerswohen. Dat kunnst du jümmer noch nahalen.

Un denn mit dat aller-aller-aller-wichtigste: tohören, interesseert tohören! Tohören is de erste Plicht. Meist hebbt de Froonslüüd bannig veel to verteller un du müsst denn immer mol verständnisvull nicken, ok mol Fragen stellen un dien eegen Vertellen nich vergeten. Avers nich in Vördergrund schuben, ehrder so mehr sensibel inflechten, wenn schienbor een peinliche Stille entsteiht. Dat verlangt Übung, un Susanne will dat mol in de Grupp naspeelen laten. Kiek, glieks dor hett se di glieks to faten kreegen: Wo sullt du nich henkieken?

In Übrigen weer dat för de Mannslüüd nich vun Schaden, wenn se ehre Fingernagels vör dat Date sauber maken deen, överhaupt sick vörher gründlich waschen un insprütten. Se kemen bestimmt bi de erste Begegnung in Sweet.

Goot dat ick pensioneert bün un all över veertig Johr mit mien Greta tosamen lev. Weet ji, wat fröher een staatschen Kerl weer? Woran du emm erkennen kunnst? Denn fraag man mol Greta. Wi hebbt us up'n Fürwehrball toeerst sehn. Ick harr so'n lütten Buukansatz un een strammen Moors in de Büx. Un för mien Grött insgesamt dat richtige Gewicht, seggt Greta hüüt. Se harr glieks an een düütschen Eekboom dacht und dat de bi so'n richtigen Storm nich glieks wegknicken de. Intwüschen weer ik över denn Buukansatz doch'n beten wegkamen, man dat harr jo ok mit dat Oller to dohn un to mien Levenslust gehör ok dat Eeten. Un wenn du so'n beten mehr up de Rippen hest, denn kunnst du doch ok allerhand vun dien Warmte afgeven. Dat weer grad in'n Winterdag nicht to ünnerschätzen un bi de Energiekosten Gold wert. Un överhaupt, wenn wi hier in Tokunft dör den Klimawandel mit höhere Windgeschwindigkeiten to reeken harrn, denn harr se jemanden in Huus, an de se sik fasthollen kunn.

Jo, mien Greta, is doch mien Allerbeste, de weet ganz genau, wat een staatschen Kerl is.

Gedächtnis as een Sieb

Watt hebbt wi as Kinner över us Tant Tini lacht, wenn wi in de grooten Ferien mit alle Mann bi ehr up'n Burenhoff weern. Tant Tini weer hartensgood un wat to domolige Tieden noch nich bi de Froonslüüd up'n Land üblich weer, se smökt as een Schossteen, jümmers ünner Damp. Dor legen sekker tein Zigarettenschachteln rüm, all anbroken un natürlich rok se ahn Filter, un oftins kunn se de Zigaretten nich finnen un wi müssen bi't Söken helpen. Ton Glück harr se meist een Schachtel in ehre Kiddelschört. Füür neem se denn vun den Gasherd. Un wenn se mol een Updrag vör uns Kinner harr, denn keem se meisttiets toeerst mit de Nomens dörnanner. Man se kunn sik helpen, se sä denn Bruno, Hinnerk or wo heest du man noch un keek di dorbi an, so dat du genau murken hest, dat se di meen. Wi Kinner legen denn platt up'n Grund un kunnen nich mehr vör Lachen.

Doran mutt ik oft denken, denn mi geiht dat hüüt ok männichmal so, dat ik partout nich up den Namen kamen kann. Ton Bispill sühst du up'n Weekenmarkt all vun wieden een ganz bekanntet Gesicht, avers di will de Namen eenfach nich infallen. Ik stööt denn so sachten mien Greta an un fraag ehr. Wenn se denn seggt, se kunn dat Gesicht ok nich so recht ünnerbringen, denn gaht wi flink een Gang vörher links aff or bi Regen ward de Schirm een beten deeper holln un du kannst blots hapen, dat se or he di nich ok all sehn hett, denn anners geiht dat mit dat Gestotter los, vun wegen „na, ok watt Inköpen", „bannig full hüüt", „wat makt de Gesundheit", „allens Gode, wi mööt wieter". För den Rest vun den Dag büst du nu jümmers an överleggen un kannst un kannst nich up den Namen kamen. Midden in de Nacht wakst du up un denn is di't infallen, dat weer jo Gustav ut de Schillerstraat. Nu kannst wedder beruhigt inslapen.

Nülich hebb ik in de Zeitung lesen, dat an de Autobahn doch glatt een Kerl sin Fro up'n Parkplatz vergeeten hett. Se müss mol gau verswinnen un he harr sik eene kole Buddel Bruus köfft, wör denn weer insteegen un losfahrn un harr nich markt, dat sien Elsbeth nich in't Auto seeten de. Dor weer woll ok mit Schuld an, dat Elsbeth achtern seeten de, wiel se anners jümmers wat to kreteseeren harr. Mol föhr he to langsam, as so'n Bummeltog, un denn wedder to gau or to dicht up, un de Schievenwischer harr he doch all lang mol anstellen kunnt. Dormit dat keen Striet mehr gifft, harrn se sik eenigt, dat Elsbeth grundsätzlich achtern sitt. Un se weern jo ok up de Rückreis vun'n feinen un harmonischen Urlaubsreis in'n Bayerischen Wold wesen, un Elsbeth harr so wunnerbor slapen un emm bi siene Manöver nich dortwüschen ramentert. Erst bi't Kufferutpacken tohuus harr he murken, dat sien betere Hälfte nich mehr an Boord weer.

„Kiek mol", segg ik to mien Greta, „ik pass goot up, dat ik di ünnerwegens nich in de Walachei sitten lat. Du büst mi veel to kostbor un in frömde Gegenden müsst du de Kort lesen, geiht dat nu liekut or rechts aff. Du büst jo sotoseggen us Navigator ok wenn ik meisttiets ant Stüür sit."

Un mien Greta, wat meent de nun to disse Geschicht? Se seggt blots, „gut, dass wir nicht in den Bayerischen Wald fahren," un denn nimmt se mi so'n lütt beten in'n Arm un wi sünd us vullkummen eenig. Ik sitt an't Lenkrad und mien Greta seggt, wo't hengeiht.

Mit Beginn vun de Urlaubsreis is dat sülk Saak. Du büst man goot tein Minüten ünnerwegens un jüst up de Autobahn, denn kummt de Fraag up: Hest du ok den Herd afstellt? Dat Water todreiht un de Huusdör afsloten? Kannst allens nich mit Sekerheit mit „jo" beantwurten. Na, denn man gau ümdreiht, beter is't, noch mol natokieken. Un dat weer ok man goot, denn up de Huusdöör harrst du glatt den Schlöddel steken laten.

Dat kann een modern vernetzten Minschen hüüt nich mehr passeern. Du kannst jo allens in dien Smartphone programmeeren: de Heizung afsenken, de gesamte Elektrizität utschalten un enkelte Steckdosen weer inschalten. De Rollläden gaht runner un denn kannst ok de Kamera inschalten un geihst sotoseggen virtuell dörch dien eegen Huus. Kickst mol in de Wahnstuuv no'n Rechten un kontroleerst de Finster, jo, prima, all tomakt, nix vergeeten. Wenn du denn avers bi dien Rundgang in dien Slaapstuuv een frömden Kerl sühst, de de Schuvladen upritt un allens dörsöcht, denn ist't mit dien Urlaubsstimmung vörbi. Denn kannst man gau de Alarmklocken per Fernbefehl ansmieten, man de gaht nich los, hett de Kerl doch glatt mit'n Knieptang de Kabels afkneepen. Tohuus is dat nu midden in de Nacht, dor kannst ok nich dien Fründ Peter anwecken, he sull mol nakieken, nee, dat weer'n mulmigen Kram. Bit du de Nummer vun de Polizei rutsöchst harrst, weer de Kerl all lang in Düstern verswunnen. Un du harrst dit Jahr noch mol den Sömmer verlängern wullt, weerst extra in'n Süden reist. Pauschalreise. Mit allens dorbi. Un nu dit Malheur. De Rückreis gung erst in fiev Daag los, avers dat Urlaubsgeföhl weer vörbi. Harrvst du doch blots dat verdüwelte Smartphone tohuus vergeeten.

Dat Vergeeten befallt di avers nich eerst, wenn du oller warst. Ik kann mi besinnen, dat ik as Schoolkind ok vergeedelk weer, besünners bi Huusupgaven. In Würklichkeit harr ik de nich vergeeten, nee, dat weer „bei vollem Bewusstsein" passeert, so hett mien Schoolmester dat sehn un mi denn düchtig een extra Arbeit upbrummt.

Wenn du een echten Meister vun de Vergeetlichkeit warrn wullt, denn versöök mal na de Levensphilosophie „dor rin un dor rut“ to hanneln. Mien Fründ Peter maakt dat so, wenn sien Hertha jümmers wat Nees för em find: Peter maak mol dit. Peter maak mol dat. Peter, un denn kunnst du ok noch dat Scharnier an de Döör na denn Gorden hento fastschruven. Un, Peter, hest du de Lamp in’n Keller all utwesselt?

„Bi sölk Fragen“, wahrschoot mi Peter, „müsst du innerlich afschalten avers wieterhenn een interesseertet Gesicht maken.“ Ik sull dat man mol versöken. He weer dor goot mit torecht kamen.

Man Peter kennt mien Greta nich. De hett all lang spitzkreegen, woher de Wind weiht. Un avends, wenn wi so gemütlich bi een Glas Wien sitten un över Gott un de Welt resneeren, denn holt se Papier un Bleefedder un seggt mit een Smüstern in’t Gesicht, wi müssen jo noch de To-Do-List för mi un den annern Dag maken. Ik weer jo leider bi gewisse Saken so’n beten untoverlässig worrn un so’n List kunn man afarbeiden un dörstrieken, wenn de Arbeit erledigt weer. Dat weer jo enorm praktisch. Un för morgen stunn up’n Zettel: Vagelfutter nafüllen, Müllemmer na de Straat hen bringen, een feine Steckröw inköpen un glieks dat Leergut mitnehmen. Endlich (dat harr mien Greta ünnerstreeken un twee Ausrufezeichen dor achter maakt) de Fohrradketten insmeeren!! un de Gummisteveln schier maken, de stünnen all twee Daag in de Eck vun de Garaasch schietig rüm.

Wenn ik denn avends de List dörstrieken kunn, denn, so behaupt dat mien Greta, jo, denn stell sik ok so’n Oort Glücksgeföhl in. Dat wull se mi so gern günnen. Un tatsächlich, wenn ik denn mit Greta wedder mit’n Glas Wien in de Wahnstuuv sitt, denn mark ik dat ok. Denn överkummt mi so’n besünneret Geföhl. Ik weet man blots nich so genau, liggt dat nun an de Dörstriekeree up de olle Liste or an mien Allerleevste or hett de Wien ok wat dormit to doon?

Generation 65 Plus

Wenn du hüüttodags in't Renten- or Pensionsoller kamen büst, denn hörst du nich to dat olle Isen un warst bisiet stellt, nee, denn büst du Mitglied vun een interessanten Zielgruppe. De Marketing Strategen hebbt di in't Visier nahmen. Vun alle Sieden warst du regelrecht överfallen un kannst di nich bargen vör Angeboten.

De eersten bringt de Zeitungsutdräger jeden Morgen mit. In de Anzeigen kannst lesen, dat mindestens söben rüstige Rentner söökt ward. Nich blots vun de Zeitungsverlage, de meent, as Rentner kunnst du sowieso nich mehr so lang slapen, denn kunnst beter Klock veer in de Fröh de Lüüd de Zeitung in'n Kasten steken. Mi un mien Greta könnt se dor nich mit meenen, denn wi liggt ok noch gern mol bit Klock acht in us warm Nüst. Wenn wi allerdings een Termin bi'n Doktor hebbt to'n Bloot afnehmen, denn mööt wi us jo ehrder hochquälen.

Ok twee Apotheeken, wo du de Medikamenten för utdragen schast, sünd in de Anzeigen dorbi. Een Handwerksbetrieb söcht een Fachmann jensiets vun fiefunsösstig, de man mit sien lange Berufserfohrung goot up de Kunnen loslaten kunn. Un de School fraagt, wat nich vun de pensioneerten Schoolmesters een dorbi is, de in Reken un Schrieven noch mol för twee Johr an't Katheder stahn wull, een'n fardig utgebildeten Junglehrer weer nicht to kriegen. Dat geev nun vun't Land ok een Sondertowendung vun 20 Perzent. Nee, segg ik to mien Greta, wat is dat för'n appeldwatschen Krom. De Kollegen sünd froh, dat se di los weern, un nu fangst du wedder an un strikkst ok noch'n höheret Gehalt in, allens tosätzlich to diene Pension. Dor gah ik doch lever eenmal in't Johr to'n Pensonärskoffie un snack vun olle Tieden. In mien Oller mutt ik mi doch nich mehr an Schöler argern, de in'n Ünnerricht meenen, de Mütz kunn up'n Kopp blieven un Huusupgaven nich maakt harrn. Diskuteeren muss ik tohuus jo fast elkeen Dag, avers dat letzte hebb ik denn doch nich luut seggt, anners gung de Diskussion mit mien Greta an'n Fröhstücksdisch los. Dor weer ik beter stellt, wenn ik ehr fraagen de, wat se nich noch'n Tass Koffie drinken wull, de harr grad an dissen Morgen een ganz wunnerboret Aroma.

So gegen Middag kümmt de Postbot, hett hüüt wedder'n Barg Breefen in den Kasten to smieten. Dat meiste is Reklame, avers de smitts du nich eenfach so weg, nee, beten neeschierig büst du doch, villicht hest jo'n Reis wunnen.

Dat eerste, wat di in de Hannen fallt, is dat Angebot vun een Starveverseekerung. För tweeundartig Euro in'n Maand kunnst du dien Afgang würdevoll gestalten laten. De Arven müssen denn blots noch de Koffietafel betahlen, all anner weer inklusive. Na, dat is di denn doch to unseker, un dor hest du jo ok nix mehr vun. Weg mit den Breef in de blaue Tünn.

De nächste is all interessanter. För 350€ kannst du veertein Daag in een feinet Hotel an de polnische Ostseeküst reisen. De medizinische Ingangsunnersökung, twee Massagen vun Rüüch, een warmet Ganzkörper Moorbad, Water Gymnastik morgens vört Fröhstück, kostenlose Sauna un jeden Dag Strandspazeergänge hören genauso dorto wie een Frühstücks- und Avendbuffet. Eenmal sogoor n'feinen Spezialitätenavend, achteran mit Danzmusik. Dat höör sik doch verlockend an, de Breef legg ik eerstmol an de Siet.

Up een anner'n Breef sünd vun buten allerhand bunte Biller to sehn. Du weerst een vun de eersten, de de nee'n twee Euro Münzen kriegen kunn, bankfrisch un in Stempelglanz Qualität. Weg dormit in'n Papierkorf.

Is hüüt noch een Breef kamen. De sücht seriös ut, witten Umschlag, allerdings keen Afsenner updruckt. Dat's jo gediegen. As du emm upmaakst, is de Schreck erst mol groot. Een Anwaltskanzlei deelt di mit, se weern as Inkassobeupdragte tätig un wulln Geld vun di inföddern. Du harrst de Reken mit de un de Nummer nich betahlt. Nu keem to de Reknungsbedrag ok noch hunnertfievunsösstig Euro babenup, wiel se dor so veel Arger un Arbeit mit di harrn.

In dissen Oogenblick kummt mien Greta vun'n Weekenmarkt torügg un ik wies her dat Schrieven. Seelenruhig ritt se dat Papier tweemol dör un smitt dat in'n Müllemmer. So'n Frechheit harrn wi vör veertein Daag all mol kreegen, harr se ok wegsmeeten. Wi harrn jo nix bestellt.

Se harr mi vun de Apthek de neeste Rundschau mitbröcht, dor sull ik man beten in blödern un de Nees insteken. Se wull us erst'n feine Tass Tee upsetten.

Na, dor bün ik jo beruhigt un kiek mi de Rentner Bravo an. Arthrose, Venenentzündung und Blähungen sünd de Hauptthemen. Glieks dree Experten harrn dorto wat to seggen. Interesseert mi nich. Mien Gelenken sünd noch gängig, jo, seker, so goot bücken kann ik mi nich mehr, un up een Been stahn is ok een beten wackelige Angelegenheit. Mit de Blähungen is dat jo jümmers afhängig dorvun, wat mien Greta to Middag up'n Disch bringt. Wi eeten beide gern mal so'n richtige Linsensupp, mit Wuddeln, Porree, Sellerie, rieklich Zippeln un'n poor feine Mettwust in. Denn markt wi natürlich bi usen Namiddagsspazeergang, dat us Binnenleven in Upruhr is.

„Das ist alles natürlich", seggt mien Greta denn, un düttmal gaht wi dör de Feldmark, de Weg is dree Kilometer langer, avers bringt Erlösung.

„Nu kiek di doch blots mol de Anzeigen an", segg ik to mien Greta. Wi seeten nun gemütlich bi'n Tee. Veertein

Treppenlifte, söben Rullstöhl mit'n elektrischen Antrieb, twee Blutdruckmessgeräte un de neesten Spritzen för Diabetiker. Up jede Siet de ünnerscheedlichsten Medikamente, wat för de Oogen, fört Gedächtnis un wat ganz besünners, een Stoff ut de Grönlippmuschel, dor kannst dien Gelenkknorpel un de Gelenkflüssigkeit mit upfrischen un gliektietig weer dat ok nützlich för dien Huut.

Een ganze Siet mit de Överschrift fallt mi toletzt noch in't Oog:

„Hätte nie gedacht, dass ein paar Tröpfchen so viel bewirken." To dat Tabuthema „Sexuelle Schwäche" vertellt Rentner Gustav P. ut Stuttgart free vun de Lebber weg, wie een natürliches Arzneimittel hüm düchtig hulpen harr. Regelmässig anwendt, kunnst du di weer ganz de Leidenschaft hengeeven, wenn se di överfallen de.

„Brauchen wir alles nicht, oder", seggt mien Greta, kiekt mi dorbi so twee, dree Sekunnen langer in de Oogen un smitt den ganzen Rummel in'n Papierkorw.

Nu fallt mi de Breef vun dat polnische Hotel weer in. Avers dor will Greta nich hen. Nee, seggt se, lat us man een schöne Radtour langs an de Elv lang maken. In veertein Daag kunn'n wi dat goot bit na Dresden hen schaffen. Wi wullen doch all lang mal in de Frauenkirche un in de Semperoper. Dor wörr jo noch veel mehr to sehn, to'n Bispill dat „Blaue Wunner".

Weg mit den Breef, rin in de blaue Tünn.

Glücksmomenten

So männichmol seggt een, Minsch, dor hebb ik avers Glück hat. Meist is dat jo eenfach so'n Spröök, de di över de Lippen kummt, avers hett doch ganz ünnerscheedliche Ursaken, wenn'n genauer tokiekt.

Wenn du een Prüfung bestahn hest, dien Arbeit goot to'n Enn föhrt is un dien Makkers, viellicht sogor dien Baas, di een Anerkennung utspreken, denn freit di dat düchtig un du büst recht'n beeten stolt. Nich dat du glieks up't hooge Perd sitten deist or de Nöös wiet na baben rekkst, nee, du markst so'n wohliget Glücksgeföhl und sachten löppt di womögelt'n lütt Schuur över'n Rüüch.

Dat geiht mi avers ok so, wenn ik mien inneren Swienhund mol wedder so richtig an de Siet drückt hebb. Endlich is de Warksteed uprühmt, allens steiht or hangt an de richtige Stell, keen Dörnanner mehr. Kannst mit een Oog dat Warktüüg ok finnen, wat du jüst in'n Oogenblick bruukst. Un disse Week hest du veermol dat Auto stahn laten un büst mit'n Fohrrad to'n Inköpen un Skatavend föhrt. Ok dien dree Terminen in't Fitnesscenter hest du nich versümt, vun wegen de Bewegung un den Muskelaufbau. Nee, disse Week harr de olle Swienhund dat Nasehn un keem nich an't Ruder. Un mien Greta hett dat natürlich ok sehn, un wenn se denn anerkennend seggt:

„Alles picobello, du bist ja sowas von gut drauf", jungedi, denn kunn ik meist een Eekboom utrieten.

Een jedeen is de Smed vun sien Glück, jo, dor is wat an. Dat Glück, wo du sülben mit wat an doon hest, dat makt een richtig tofreden Minschen ut di.

Dat gifft avers ok dat Glück dör'n Tofall. Wenn du söss richtige Tallen ankrüzen deist un ok noch de Tosatztall richtig is, denn hest mehr Glück as Verstand. Dat is denn avers jo rein tofällig un nich unbedingt dien Verdeenst, liekers freist du di, wenn de Lottokerls di mol eben dree Millionen Euro up dien Konto stüürt. Nu fangt de Sorgen an. Wohenn mit dat ganze Geld? Wie is dat richtig investeert? Geiht dor an Enn ok nix bi verloren? Nee, een duurhaftig Glücksgeföhl süht anners ut, hier hest jo swore Lasten mit di rümtodragen. Geiht di meist so as Hans in Glück, de de Schlepperee vun sien Goldklumpen ok suur ward. Un all anner, wat he intuschen de, in de Meenen, dat Peerd or de Kooh, dat Swien or de Goos, de weeren jo veel beter, sünd no korte Tiet nix as een groote Belastung. As he denn ok noch den Schliepsteen verloren harr un mit nix in de Hannen na Huus keem, dor weer he fein tofreden.

Dat hett ok woll dormit to doon, dat he nun torügg in Kreis vun siene Familie weer. Wenn wi mit us Familien un Frünnen tosomen sünd, denn stellt sik so'n Oort Togehörigkeitsgeföhl in. Wi sünd nich alleen, hören dorto, sünd wunnerbor uphoven in Fründschaft un Geselligkeit.

Glückelte Momente kannst ok in de Natur beleeven. Nich blots, wenn du in junge Johren mit Juchhei in'n Baadsee springst, mit or ahn Baadbüx, nee, ok wenn du mol ganz alleen in de erste Warmte vun de Vörjohrssünn sittst un di all de bunten Krokussen un Primeln, de Osterklocken, de Sneeklocken un Vioolen anlachen. Un wenn de Vagels denn ok noch ehr Leed dorto anstimmen, denn is dat Wunner „Vörjohr“ dor un du bliffst an besten sitten un freist di.

Mi fallt dorto een Spröök vun Pearl S. Buck in, de seggt hett: Ganz veel Minschen gahn an dat lüttje Glück vörbi, wiel se jümmers up dat groote Glück töben. Pass man goot up, dat du de veelen Glücksoogenblicke nich verpassen deist, weer jo schad üm. Morgen kannst glieks mol in'n Kinnerwagen vun dien Enkelin kieken, un wenn se denn ehr lütte Been so gelenkig in de Hannen nimmt un di liekut in diene Oogen kiekt, denn markst du, wat ik meen.

Veele Minschen dragen Glücksbringer mit sik rüm. De een hett'n blanken Penning in sien Geldbüdel, de anner een Kleeblatt mit veer Bladen bi sik.

An or neben de Huusdöör hest du wahrschienlich ok all mol een Hufisen sehn. Dat hangt dor mit de apen Siet na baben, dat Glück sall dor jo ok rinfallen. Un denn noch all de Ketten mit Gebummel doran, salln all Glück bringen.

Of dat mit dat Piercing ok so is, dat hebb ik noch nich rutkreegen, wunner mi blots, wenn een junge Deern so dree, veer Ringe dör de Lippen steken hett un de Oogenbrauen ok dormit malträtiert. Womögelt noch annere delikate Körperstellen. De levt viellicht na de Instellung: Dat Glück liggt nich up de anner Siet vun den Regenbogen, dat Glück is hier un bi mi.

Kannst allerhand wies warrn, wenn du över dat Glück nadenkst oder schlaue Böker leest.

De dänische König Chrischan de Veerte, dat is to'n Bispill een geschichtsträchtige Figur, de wull dat Glück twingen, un so hett he 1617 een Grundsteen för een ganze Stadt leggt, de Hamborg de Hannelsschippen afspenstig maken sull. „Dat schall glücken un dat mutt glücken, un denn schall se ok Glückstadt heten“, hett Chrischan bi de Grundsteenleggung seggt. De Stadt gifft hüüt noch, allerdings is se keen Konkurrenz för Hamborg. Avers wat för'n Glück, dat de historische Kern noch so goot erhollen is. Wenn du na'n Marktplatz or na den Haben rünnergeihst, denn kannst wunnerbore olle Fassaden ankieken.

Vun Marc Aurel hest bestimmt all mol hört. De weer een römischen Kaiser un gliektietig ok een Philosoph, wat jo selten is. Vör fast neegenteinhunnert Johren hett he meent: „Mit de Tied nümmt dien Seel de Farv vun dien Gedanken an.“
Dormit hett he meent, wenn du jümmers blots an de Penunzen denken kannst, un achter dat Glück achteran jachters, denn hest du an Enn een swattet Innenleven un büst vun een Roker, de dartig Zigaretten an'n Dag smökt, nich mehr to ünnerscheeden. Veel beter wörr dat gewiss doch, wenn dat allens so'n beten rosarot und hellblau weer, un deshalv hett de klooke Philosoph in hüm herutfunnen, dat dat Levensglück afhängig is vun de goden Gedanken, de man hett.

Un Johannes Heesters, de Kerl is över hunnert Johr old worrn, de hett jümmers flietig sungen, dat he to dat Glück keen Millionen bruken de, blots Musik, Musik, Musik un denn noch so'n Kleenigkeit dorto.

Kiek, un disse Kleenigkeit is bi mi mien Greta. De hett mi all in junge Johren mit de Wöör vun Hermann Hesse övertüügt un begeistert: „Glück ist Liebe. Wer lieben kann, ist glücklich.“

Dat weer doch wunnerbor, seggt se. Hüüt, wo wi nu wat oller sünd, sull ik de ollen Liebesbreefe, de ik her in uns Sturm- un Drangtiet schreeven harr, man eenmol in de Week lesen un goot upbewohren un de ollen Kontoauszüge de dor jümmers noch unnen in't Kleederschapp liggen in Gotts Namen wegsmieten. Wi harrn us jo längst saniert un dör ehre Spoorsomkeit ok een goodet Utkamen.

„Ton Glück“, segg ik denn to mien Greta, „ton Glück hebb ik mit di ganz deep in'n Glückspott greepen.“ Un denn laten wi de Wienglasen klingen un geneeten vun den roden Merlot.

Un mien Enkel Johann Theodor, de hett nülich to mi seggt, as ik hüm fraagen de, wat denn för emm een groot Glück weer:

„Opa, das ist doch klar, ist doch ganz einfach, Glück ist, wenn's keine Hausaufgaben aufgibt!“

Inköpen or so ännern sik de Tieden

Dat Inköpen in verleden Tieden mit hüüt kannst gor nich verglieken, dor liggen jo Welten twüschen.

Wenn mien Vadder för Grootmudder Fenna inköpen sull, in'n Koopmannsladen in sien lütt Dörp, denn nehm he dat Anschrievbook mit. Dor harr sien Mudder allens rinschreven, wat dor so bruukt wurd. Dat weer meisttiets nich alltoveel, denn Borgeld weer knapp. In de Hauptsaak stunn dor jümmers 1/4 Pund Tee un een Tüüt Kandis in. Geld kreeg de lütte Theo nich mit, avers een or twee Kartons mit Eier vun de eegen Höhner, denn de kunnst damals noch in'n Laden intuuschen un anreken laten. Un wenn dor noch keen Eier genog weern, denn muss Theo wachten, bit he dat Gegacker in'n Huus hören kunn un de Höhner noch een or twee Eier leggt harrn. Kiek, un nu kunn't erst losgahn.

Dat Anschrieven in't Book weer to de Tiet gang un geev. Jede Week keem bi us tohuus Schorsch vun dat Koophuus Janßen un nehm de Bestellungen up, dat heet, Mudder harr all allens in't Book schreven un Schorsch het dat afhalt. Un an annern Dag keem he mit'n Pappkarton, dor weern denn de Bestellungen in, Margarine un Makkaroni, Peper un Salt, Opekta in de Inmaaktied för de Marmeladenglasen, Smeerkees, Zucker un Mehl un annere Kleenigkeiten.

Un denn stunn dor, all tosamentellt, de Summ, de Mudder to betahlen harr. Mol 12,50DM selten över twintig Mark. Un us Mudder hett glieks betahlt, Schulden geev dat nich. Up Schorsch hebbt wi us jeden Middewäken freit, denn he keem jo Huus bi Huus un kunn veel un anschaulich vertelln. Bi us kreeg he ok jümmers een gode Tass Tee, de maakt de Tung locker.

All de annere Kram harrn de Lüüd in ehrn eegen Tuun anplant. Nee, nich blots Kantüffeln, bi us weern dat jümmers Sieglinde, wiel de so fein mehlig koken deen un us Vadder de so geern much. Ok Wuddeln un Porree, Petersill un Arften, Kohlrabi un grönen Koppsalat, dicke Bohnen, Rode Beete un Swattwuddeln. Allens wat du di denken kannst – un för den Winter Grönkohl un Rosenkohl un Steckröben. In Sömmerdag weern denn de Erdbeeren riep, de Stickelbeern un de roden un swatten Johannisbeern, un denn laterhen ok de Appeln un Beern.

Gung dat denn na'n November, Anfang Dezember to, denn keem us Unkel Fernand mit't Motorrad un dat Slachtgeschirr in'n Rucksack up'n Rüüch. Denn weer Swienslachten. För mien Süster een Drama, de leep hulend weg, denn se kunn dat nich mit ansehn. Man vun de Wust un de leckeren Bradens un de luftdröögt Schinken hett se denn naher doch wat mit Appetit eeten.

Wi weern up't Land sotoseggen Selbstversorger un blots dat Nödigste wörr inköfft. Wenn du wat bruken deest, denn gung dat in't Koophuus Janßen, dor kreegst du allens. Nagels un Schruven, Koffie un Tee, Handdöcker un Stoffe, Blusen un Röcke un Büxen, Kummen un Tassen, Rasierklingen un Malerpinsels - dusend un mehr Artikel. To mien Konfirmation hett Mudder mit mi dor een Stoff utsöcht, düster kariert un'n goode Qualität, un Schorsch hett dat Maat nahmen. Een poor Weeken later keem de fardige Antog in't Huus. Weer allens kien Problem. Inkööpen weer eenfach un överschaubor.

Stell di hüüt mol vör, du geihst in'n Supermarkt un wullt erst mol de Eier vun dien Höhner intuuschen oder as mien Oma Jantjen, de groode Sacken vull Schapswull in't Geschäft afleeverte un denn erst inköpen kunn. Is jo gor nich an to denken.

Hüüt geihst du dör de ünnerscheedlichen Gänge un musst di erst mol dörchfraagen, wo denn dit un dat nu all wedder steiht, ward jo allens jümmers ümrühmt. Kannst nix mehr finnen. Un wenn du di denn an de nee'e Ordnung wennt hest, denn steiht wedder allens up'n Kopp. Na den Puderzucker söchst du'n Viertelstünn, kannst ok keen Verköperin fraagen, is nümms to sehn.

Un wenn du mol eben blots'n Stück Kees or poor Schieven Schinken holen wullt, müsst du dörch den ganzen Supermarkt lopen, wiel dat allens an annern Enn' steiht. De Verkoop Strategen hebbt dat so inricht un du büst dat Opfer. Neelich stunn ik vör een Regal mit Oliven. Mien Greta harr mi seggt, ik sull swatte Oliven ahn Füllung un de ut Griechenland mitbringen, nich de spaanschen, de passen nich so goot in den bunten Salat un weern ok nich so smakelt. Ik stunn as son Oss vör'n Barg vör dat Regal. Över hunnert Sorten un denn allens so lütt updruckt, dat weer nich to lesen. Mien Brill harr ik natürlich vergeeten. So kemen denn an dissen Dag swatte Oliven ut Spanien in den Salat un mien Greta köfft nu de Oliven utschließlich sülben in.

Mit de Inköpere vun de Levensmittel kannst dat jo noch mehrstendeels henkriegen, schwieriger ward, wenn du as Kerl mit dien Leevste in't groote Koophuus in de Bekleidungsafdeelung geihst. Meist sünd de Froonslüüd genervt, de Mannslüüd hebbt jo nich so veel Geduld. So gung dat ok mien Fründ Peter. De geiht nu avers wedder bannig gern mit up Inkoopstour, wo he doch fröher jümmers to sien Hertha seggt hett, nee, se sull man alleen losgahn, he kunn nich so lang rümstahn un up sien Geschmack kunn Hertha sik ok nich verlaten. Na dat achte Kleed wörr he jo seggen, dat allens good utsehn de un Hertha de Farv ganz besünners to Gesicht stünn. Un denn kreegen se sik doch jedetmol in de Wull. Un Hertha gung denn ahn Kleed na Huus un wörr bös gnadderig.

Se harr to'n Füürwehrball nix antotrekken un müss nu noch mol los, blots wiel Peter so entscheidungsunfreudig weer. Nie wedder brukte Peter sik intobilden, dat he as ehr Berater mitkamen sull.

Dat hett sik avers intwüschen weer ännert. Peter geiht gern mit und dat hett folgende Bewandnis. An Ingang vun de Etage för de Kledaasch för Froonslüüd können de nu ehrn Ehegatten afgeeven. Een nette un fründliche Hostess schenkt di erst mol een Koffie in un denn kannst noch'n halve Stünn in de neesten Zeitschriften kieken, bevör du wedder afhalt warst un se mit di twee Etagen deeper fohrt. Dor büst du denn in een Ort Ruhe- un Relaxruum. Weeke un deepe Sessels fangt di up, geövte Hannen masseeren dien Nacken- un Schullerbereich un dorto kannst du in'n Achtergrund klassische Musik hör'n.

Na'n gode Stünn geiht Peter denn in den Kommunikations Ruum. Sien Hertha is noch nich so wiet un he schickt eehr een Naricht, se sull sik man Tiet laten, he weer ganz geduldig un freu sik all up dat nee'e Kleed, wenn de Koopentscheidung fallen weer. Schon kann he Hertha up'n Monitor sehn, un se fraagt hüm, wo denn dat rode Kleed utsehn de. Och nee, seggt Peter, rode Kledasch harr se jo genog, se sull man na een annere Farw kieken. He wörr sik in'n Stünn noch mol melden.

Nu gung dat noch een Ruum wieter. Hier is dat recht so'n beten schummerig un du kannst di an so'n Oort Theke setten. De Sekt steiht all dor un de Musik is nu dütlich rhythmischer un moderner un in de Mitt danzt een attraktive junge Deern, de ok nich alltoveel anhett. Jümmers um so'n blanke Stang rüm. Table dancing nöömt sik dat. Jungedi, denkt Peter, de is avers bannig gelenkig un överhaupt nett antokieken. Een Pusch Up BH harr de nich nödig. Wieter kummt he nich mit sien Gedanken, dor geiht de Musik ut un de Anseggerin seggt Bescheed, dat een Hertha an'n Ingang vun den Relaxruum stünn un ehrn Peter afhalen wull. Schon stünn ok de fründliche Hostess dor un in'n Oogenblick weer Peter torügg in de Realität. Hertha harr een feinet grönet Kleed funnen und dorto noch graue Schoh un twee blaue Siedendöker. Allens fein upnanner afstimmt.

De Geschicht hett Peter mi nülich in sien Gorden vertellt, wi seeten dor up de Bank un drunken een Buddel Beer. Na, ik denn glieks na Huus un segg to mien Greta, wat se in Tokunft nich mit Peters Hertha tosomen inköpen wull, de harr jo son goden, ne, een exellenten Geschmack un bi de Beratung ok veel mehr Geduld as ik. Se kunnen Peter un mi denn ok glieks an den Ingang afgeven, denn harrn se jo veel Tiet un kunnen allens dörstöbern.

Nee, dat wull se up keenen Fall, seggt dor mien Greta, ik harr ehr alltiet so goot beroden, dor kunn se nich up verzichten. Mit Hertha verstunn se sik in letzte Tiet ok nich mehr so goot, de weer ehr to bestimmend. Ik sull Peter man mol fraagen.

Un afgeven wull se mi överhaupt nich.

„Ich bin so froh, mein Liebster, dass ich dich hab'", süselt se mi in't Ohr, un se wull mi up jeden Fall ok in Tokunft as ehren persönlichen Inkoop – Mode- und Typ -Berater behollen. Dat harr jo ok all över 40 Johr bestens funktioneert.

Irina

Bi us tohuus kummt jeden Dönnerdag Irina. Pünktlich Klock neegen pingelt dat an de Döör un Irina schufft sik in de Deel un denn geiht't los. Se hett jümmers goode Laune un strahlt, smitt sik in't Arbeitstüüg, fraagt nich lang, denn se weet jo Bescheed. Weet, wo Bessen un Stoffsuuger stahn, wo de Wischlappen un de Emmer ehren Platz hebbt un de Leuwagen henhangt is. Irina is use Perle un hüütigendaags kannst di jo freien, wenn so eene patente Raumpflegerin int Huus kummt.

Greta un ik hebbt us Wark denn all dahn. Entweder fangt wi Middewäken all mit dat Uprühmen an, meisttieds avers eerst Dönnerdag Morgen, wiel an Avend vörher Greta jümmers na'n Karkenchor geiht un ik kiek mi denn gerne de Football Europapokol Speele in'n Kiekkasten an.

Denn mütt wi natürlich an'n annern Morgen ok recht bitiden upstahn un könnt nich so lang in't warme Nüst liggen, nee, denn hebbt wi binah keen Tiet ton Fröhstücken un de neesten Narichten in de Zeitung kannst eerst namiddags lesen.

Jungedi, wi hebbt wi dat drock. Nu man gau den Fröhstücksdisch afdecken und dat Geschirr in de Maschin inrümen. Un denn stahn dor jo ok noch vun güstern Avend de Wienglasen un de leddige Buddel is ok nicht afrümt. Meist ok noch de leddige Keesteller und dat Mest, denn wi möögt to denn Wien ganz gern ok so'n lekker Stück Kees.

Kiek di blots mol de Koffiekann an. De is de ganze Week nich recht sauber maakt worrn, överall so'n brunen Schimmer. Gau afspölen un afdrögen, wat sall Irina anners denken. Nich vergeeten, de Filtertüt rutnehmen un wenn du all dorbi büst, glieks de Müllbüdels wegbringen un nee'e insetten. Bi de Gelegenheit sühst du denn, dat allerhand Krömelkram unnen in dat Spölenschapp liggt. För'n Stoffsuuger is dat to laat, de hett Irina beschlagnahmt, denn mööt de Handfeger her un gau tosomenfegen den Krom.

Och herrjeh, dor liggt jo ok noch dien West up't Sofa, dat Telefon is ok nich an sien Stell. Wenn du dat denn wegbringst, denn kannst ok de Zeitungen vun de letzten Daag mitnehmen, de stapelt sik an de Siet vun de Couch. Kiek, dorbi finnst du denn ok den Kugelschriever wedder, de du vun Greta to Wiehnachten kreegen hest. Mit Gravuur!

Nu noch in de Gardrove all de Schols un Mützen un Hannschen örnlich bienanner leggen, hest jo extra een feinen Korv ut Weiden henstellt.

Miteens fallt di in, dat du baben in de Slaapstuuv ganz vergeeten hest, de Betten glatt to trekken und dat Minitrampolin bisiet to stellen. Gau na baben, Gottseidank, Irina is noch in de Badstuuv an't wischen un ramentern, hett dat Dörnanner in de Slaapstuuv nich markt. Bademantel und Wullsocken, de trekkst du in'n Winterdag jümmers över, wiel du mit klamme Fööt nich inslapen kannst, sünd noch wegtorümen. So, nu geiht dat eenigermaten, un dor steiht Irina ok all in de Döör. Jo, seggst du mit een Schulterzucken to eehr, du harrst noch wat vergeten, avers dat harrst du nich finnen kunnt, weer wohl woanners henleggt.

Treppen rünner un in den Multifunktionsraum. Dor stünnen noch all de Schoh, weern nich in't Regal, wo se henhören. Schafft, puh, dat weer knapp, nu is allens in de Reeg, allens up Stee. Wat sull Irina anners vun us denken.

Nu eerst kannst du Aten halen, dörpuusten. Büst rein in Sweet kamen. Nu kann Irina na ünnen kamen un de Köken un Wahnstuuv, de Deel un all anner wischen un vun Stoff befreeen.

Irina is een echte Perle, un wenn se fardig is, denn blinkert dat ganze Huus. All is uprüümt un an den richtigen Platz, un mien Greta un ik kiekt us an un seggt,

„Goot, dat wi Irina hebbt, is wedder allens schier"!

Avers, lat di dat seggen: De Dönnerdag Morgen is de schlimmste Dag in de Week. Man goot, dat ik mi middags henleggen kann, ok wenn ik denn meist een bannig unruhige Middagsstünn hebb. Ik dröm vun Irina un den neegsten Dönnerdag, wenn dat wedder pünktlich Klock neegen an de Döör pingelt.

Keen eenfach Fraag – wer büst du?

Nülich hebb ik in een Magazin över een australische Schauspeelersche een ganz interessante Geschicht funnen. Se vertell dor över ehr Leven un ehre Arbeit. Sinngemäß klung dat so: Se wörr de Schauspeleree to jeder Tiet missen un kunn sik eenfach nich vörstellen, dor jemals vun aftokamen. De Speeleree pulseer ehr dörch alle Adern un weer as so'n Flucht ut ehr würklichet Leven. Se kunn in all de verscheedenen Charaktere dormit uphörn, se sülven to ween. Eerst wenn se in een Rull slippen de, denn föhl se sik stark un free. Denn weer se mal de trüchhollen Deern up de Söök na ehrn Platz in't Leven un de Sellschop. In een annere Rull so'n Oort „femme fatal" mit hochhackige rode Schoh un een gewagtet Dekolltee. Mal weer se so'n bodenständige Verköperin achtern Marktstand, de midden in't Leven steiht un nich up'n Mund fallen is, un denn wedder so'n feine Daam ut de höhere Sellschop mit'n jugendlichen Leevhebber. Se kunn so alle Verstrickungen un Verbiesterungen vun de minschliche Seel utleven, nee, nich blots de Sünnschien Siet ok de dunkle, de man anners jo nich so gern vun sik wiesen wull.

Jungedi, dor hett se mi avers tofaatkregen. Siet ik dat lesen hebb, ruttert de Fraag in mien Kopp jümmers hen un her, un ik denk doröver na, wer ik nun eegentlich bün.

Bün ik mehr so'n Griesgram, de sik bi Dau un Dag achter de Zeitung versteekt un morgens slecht in de Gang kümmt or mehr so'n Sabbelbüdel, de an'n ganzen Dag wat ton Vertelln hett, ok wenn keen Minsch wat vun di hör'n will? Segg ik free un frank mien Menen or lat ik mi unnerdückern un swieg still, wenn dat ungerecht togeiht? Kiek ik middags in'n Putt or krempel ik de Ärmel hoch un trau ik mi to, sülven mol an'n Herd to stahn un een lecker Eeten to kaken? Seggt se achter mien Rüüch to mi Spießer, Warmduscher, Joghurtslapper or gah ik dreemal in de Week in't Fitnessstudio? Reageer ik mehr spontan or mutt eerstmol allens lang un breet un hen un her överleggt warrn? Bün ik mehr up de Sünnsiet or kiek ik mehr na de swatten Wulken? Kann ik mi ok an de lütten Saken frein? Un wo is dat mit de nadenkliche un unbekümmerte Siet in mien Leven? Gah ik mol in't Theoter or bliev ik in't Puschenkino sitten? Weet ik Bescheed över dat, wat in de Welt passeert or geiht mien Blick nich över'n Tuun? Un wo is dat mit mien Kreativität?

Maak ik mi noog Gedanken or gah ik as Slapmütz dörch de Daag? Bün ik Hans Unverfeert or nich doch so'n Oort Lebemann, viellicht sogor een Gentleman? Wekke Rull speelt dat all in mien Leven un wekke Rull speel ik?

Mi geiht dat jüst so as Lohengrin, de hett jo in sien Rull up de Bühn jümmers luuthals sungen „nie sollst du mich befragen"... avers hulpen hett hüm dat an'n End ok nich. Sien Elsa weer to neeschierig, un so muss he wedder in sien Gral torügg schippern. Wat vör'n Dramatik.

Egal, mien Elsa heet Greta, un neeschierig is se up keenen Fall, avers an allens interessert. De kunn ik doch mol fragen na mien Sünn- un mien Schattensiet un sotoseggen een psychologische Sitzung hollen. Bi us tohuus, kunnen jo gern mit'n Glas Rotwien anfangen.

Alleen is mi dat Forschen na mien innerste Seel un de Affgründe veel to vigeliensch. Mien Greta hett alltiets gode Ideen, wenn dat üm mi geiht. Se kennt mi an allerbesten, wi sünd jo bald 45 Johr verheirat.

Un wat seggt nu mien Allerleevste to de Fraag, de mi dör'n Kopp geiht un mi ümdrifft?

Erst mol seggt se gor nix. Kickt mi an, schüddelt ganz sachten mit'n Kopp. Plinkert mit de Oogen, schüddelt noch mol den Kopp, nimmt ehr Brill aff un denn faat se mi an de Hannen, umarmt mi un suustert mi in't Ohr:

„Bleib man so, wie du bist. Als ich dich kennenlernte, habe ich auf mein Bauchgefühl gehört. Und das hat mich nicht getäuscht."

Kiek, un dat maak ik nu ok so. Avers wenn ik ganz ehrlich bün, so'n richtigen Draufgänger much ik ok mol speelen!

Gottseidank weet dat mien Greta nich, or wat meenst du?

Kumm mi nich an de Farv

In dissen Sömmer harrn wi jo weekenlang gleunige Temperaturen, dagsöver bit to 35 Grad un nachts ok selten unner twintig. Tropische Nachten seggen de Klimaforschers dorto. Wenn du nich den Komfort vun een Klimaanlag harrst, denn leep di de Sweet man so langs den Rüüch dal. Vun een erholsamen Nachtslaap kunnst blots drömen.

Dat hett nich alleen de Körpertemperaturen upheizt, nee, ok bi männicheen vun us Mitbürgers leegen de Nerven blank. Ok de Geduldigste keem mol an dat Enn vun sien lammfrommet Potential. Mehrstendeels höörte dor blots een Kleenigkeit to un du seegst an den roden Kopp, hier ward glieks jemand explodeeren.

In'n Getränkemarkt harrn se nülich so kort vör Fieravend keen Mineralwater un ok nix anneret an alkoholfree'e Gedränke mehr in de Regalen. Stunnen överall Schiller, dat de Lieferanten Schwierigkeiten harrn, natoleevern. In de achterste Eck, dor stunn doch noch so'n verlorene Kist stillet Water und dat harrn nun jüst to glieker Tiet twee stämmige Kerls wieskreegen un de suusen dor liek up dahl. Harrn beide eehr Fusten an de Kist un drängelten un versöchten sik dorbi, den annern dat nu ut de Hannen to rieten. Junge, wat weern se an Ramentern un Schimpen, poor wagemutige Kunnen harrn sik beten wieter weg all tosomen funnen un weern an wetten, wo de Kist nu woll landen de. Keeneen hett disse Wett wunnen, denn de Kist pulter ut de Hannen und de Buddels weern in Gruus un Muus.

Stell di mol vör, du sittst in dien Auto und dat sall an de Küst gahn, beten Erfrischung in't Water finnen. Gau de Badbüxen un Hanndöker inpackt, los geiht. Up de Idee sünd an dissen Morgen ok so ungefähr dusend annere kamen un dat duur nich lang, denn weer de Straat dicht. Auffahrunfall. Hett doch glatt een meent, dat Reissverschlusssystem bi't Infädeln an de Bostell, kort vör een Brügg, wörr för em nich tellen. Dor stunnen nun de beiden Bullerjahns, reepen erst mol de Schandarms, maken Biller vun de Unfallstell, wiesten hier- un dorhen avers leeten de Autos midden in'n Weg stahn. Kunn nümms mehr an vörbi. Een lange Schlang harr sik all bild un de Sünn keem jümmers hoger. Kunnst nich mehr vörrut kamen un ok nich torügg setten, weerst fast inkielt un na'n gode Stünn gung dat erst wieder. Dor harr sik in de Koppen de Hitze all düchtig anstaut un up de Söök na een Parkplatz an'n Strand kunnst du denken, du weerst in'n wilden Westen anlangt.

Wenn di mol een Luus över de Lebber lopen is, kummt jo mol vör, denn warst du bös gnadderig. Is beter, man lett di in so een Oogenblick in Ruh. Mien Greta hett dor een wunnerboren inneren Seismographen in us lange Ehejohren entwickelt un markt de fiensten Erschütterungen in miene sensible Seel. Letzte Week sull ik mol een nee'e Lamp anschruven. In'n Lampenladen harr ik noch prahlt, dat weer doch allens keen Problem, keen Schwierigkeit, weern jo blots dree Lökker to bohren un mit de Nullleiter und dat gröngeele Eerdungskabel kenn ik mi bestens ut.

Bi twee Lokken hett dat ok up Anhieb passt, dat verdammte darte wull un wull nich glücken. Toeerst brook mi de Bohrer aff. Ik harr natürlich keen passenden Ersatz mehr in de Warktüügkist. Na, denn erst mol na mien Fründ Peter hen, de is, wat Warktüüg bedrifft, goot sorteert. Mit'n nee'n Bohrer gung dat wi in Botter. Nu noch eben de Lampenfassung an de Deck schruven un den Elektroanschluss fardigstellen, de Glasaffdeckung fastklicken un Licht anknipsen. Wat's dat denn? De Lamp bleev düster, nützde ok keen mehrmaliget An- un Utknipsen, röhr sik nix, bleev allens swatt. Nu stunn ik dor as son Oss vörn Barg, goot dat mien Greta nich nahbi weer, anners harr se vun mien Gefluche allerhand mitkreegen. In mien Brass reet ik denn de Glasaffdeckung vun de Lamp wedder runner un kontroleer noch mol den Anschluss. Weer doch allens richtig, so wie dat sien mutt, un fast in de Lüsterklemmen indreiht. Nu de Affdeckung wedder upsett un in dissen Oogenblick keek mien Greta üm de Eck.

„Oh, mein Schatz, ist ja schon alles fertig. Wunderbar. Jetzt gibt es erst mal ne Tasse Tee." Un dormit greep se na den Schalter, drückt em dahl, un wat sall ik seggen, de Lamp smeet een wunnerbor sachtmödig Licht in de Kamer un för mi harr Greta noch een feinet Stück vun den gefüllten Botterkoken up'n Disch stellt. De weer güstern bi't Kaffeekränzchen överbleeven.

Erst an'n annern Dag vertell se mi, dat se mi stillkens tokeeken un faststellt harr, dat ik de Sekkerung an'n Schaltkasten nich wedder insett harr. Un bit Inköpen in'n Supermarkt weer se Hertha un Peter övern Weg loopen un harr jem vertellt, wi problemlos ik de Lamp anmakt harr. Sükke Kleenigkeiten kunn ik jo bestens henkriegen.

Jo, mien Greta, de hett een gooden Rüker vör de richtigen Wöör an de richtige Stell.

Lotsen an Boord

Kannst di noch an olle Tieden erinnern? Dor hest du seker ok ut so'n ollet holten Brett een feinet Segelschipp torecht timmert. Vun Mudder geev dat denn noch'n Stück Stoff vun een utsorteert Hemd or Bluus. De Mast wörr ut een Wichelboom sneden un denn kunn de groote Fahrt losgahn. Wat weer dat för'n Pläseer för us Kinner un wo hest du di freit, wenn dien Schipp toerst över de Ziellinie brusen de, geev jo jedetmal een bunte Glasmarmel – harrn wi all üm wett.

As du denn een beten grötter weerst, fung dat mit de Modellbaubogen an. Schlepper ut'n Haben, Stückgutfrachter ganz in Witt mit Bananen or Appelsinen ut Middelamerika, Tanker, viellicht sogor een Passagierdamper – de „Amerika", de „United States" or de „Bremen", de vun Bremerhaben na Nee York ünnerwegens weern – kunnst allens kriegen, wenn du'n beten up de Siet leggt harrst.

Nu man ran an't Utsnieden, Falten un Kleven, jümmers akraat an de gestrichelten Linien lang, anners seeg dat nadem scheef un krumm ut un dien Makkers lachen di wat ut. Schier un püük harr dat uttosehn bi'n Stapelloop. Junge, wat weerst du upgeregt, schull jo ok allens klappen.

Männicheen hett ok hüüttodaags noch Freid an de Schipperee, avers natürlich up een ganz anneret Niveau. Dat nöömt sik jümmers noch Modellbau un dat gifft richtige Modellbau Clubs, wo sik de Lüüd drapen, Ideen uttuuschen, sik helpen, tosamen wat Nee's utklamüstern un stolt ehre Schätze wiesen. Sünd jo ok feine Smuckstücke. Mit Motorantrieb. Kannst allens vun de Waterkant över Funk fernstüürn. Dor suust een snittiges Rennboot dör de Wellen, up de anner Siet leggt jüst in dissen Oogenblick de „Queen

Mary“ aff un, kiek mol dor, twee Schleepdampers gaht an Backboord un Stüürboord in Position un helpen bi’t Utlopen. De Finkenwarder Fischkutter mutt höllensch uppassen, dat he nich unnerdükert ward un dat Lotsenboot liegt ok all in Stellung. Dor is recht wat los un de Stüürlüüd mööt düchtig manövrieren. De Tokiekers freit sik, is jo ok interessant, meist so as in’n Hamborger Haven.

Nu denkst du bestimmt, dat löppt, is allens goot up de Reeg. Is doch een feinet Hobby un de Lüüd hebbt ehren Spaaß. Denn hest du verkehrt dacht. In de Zeitung stünn vör’n poor Daag, dat sik de Vörsitters vun twee Modellbau Vereenen düchtig in de Wull harrn. Se weern un sünd sik nich gröön, Funkstille! Up dat Rosenfest vun de Stadt sulln beide Clubs ehr Scheepen övern See tuckern laten, avers nee, de beiden Hauptmakkers kunnen sik nich eenig warrn. Un denn gung dat los mit Unfreden un Schandaal, mit Kabbeln un Kibbeln un wi dat bi Striethamels un Stinkbüdels faken mol so is. Se kemen nich up een Stück.

Mi erinnert dat an de groode Politik. Up de een Siet so‘n överdreiten Präsidenten ut Amerika, de ok nich so recht weet, wohenn mit sien Krakeelere. Mol hett he den Kerl in’n Norden vun Korea in’t Visier nahmen, glieks achteran us Kanzlerin un ganz Europa. He deiht jüst so, as kunn he de ganze Welt kommandeeren un jedeen Dag is he an Twittern un blast sien appeldwatschen Meenen in de Welt. Kannst nix up an, denn’n Oogenblick later hett he sien Sermon wedder ännert un behaupt genau dat Gegendeel.

Up de anner Siet sitt de russische Baberste up sien Thron un unnerstützt de Schandaalmakers in’n nahen Osten un lacht sik wat in sien Fust. Gifft jo noch mehr Striethamels up de groode Erd. Dickdoer un Wichtikusse, de sik ehr Publikum grootmuulig präsentieren as de Pogg in'n Maandschien.

Wo weer dat beruhigend, wenn in dien un mien nähere Umgebung all de Stinkbüdels mol to rechter Tiet de Snuut hollen deen.

Kiek, un nu bün ik wedder bi de Modellbauer. Ik weet jo nich, wat dat technisch mögelt is, avers weer dat nich'n feine Idee, de Stänkerer wörrn sik mal'n Ünnerseeboot torecht basteln un denn kunnen de beiden Vörsitter dormit all de Strietpunkten versenken. Un baben bleeven all de feinen Scheepen. Ik seh ehr all mit bunte Wimpels, sotoseggen över alle Toppen flaggt, in See steeken. Ok wenn't nich glieks allens glatt löppt, een Havarie mutt dat nich geeven. Sünd jo genog Lotsen mit an't Stüür, un de hebbt een ganz besünneret Patent. De köönt de Kapteins mol in dat richtige Fahrwater wiesen.

Un, dat is doch würklich gediegen, bi dissen Gedanken kummt mi doch glieks mien Greta in'n Sinn.

Ahoi - alltiets een Handbreet Water ünnern Kiel un vulle Fohrt vörrut.

Modeberatung

Verleden Week keem mien Greta mol wedder gnadderig vun een Inkoopstour na Huus. Se harr nix funnen, weer reinweg vun Pontius na Pilatus lopen. In veertein Daag wulln wi doch na'n Ball vun den Schützenvereen hen un dor kunn se jo unmöögelt dat blaue Kleed ut dat letzte Johr antrekken. Dat harr se all tweemal naenanner bi de Fürwehr un bi de Festivität vun den Siedlervereen antrokken. Wat sulln de Lüüd blots denken, jümmers in de sülve Kledaasch un blau weer jo ok unmodern.

Elsbeth un Gesine harrn ok wat Nees köfft, weern tosomen losgahn un se harr dor wedder mol alleen vörseeten.

„Typisch"! sä mien Greta, „typisch, warum bist du auch nicht mitgekommen?" un kickt mi dorbi kregel vun de Siet an. Nächste Week sull ik nun mitkamen, sotoseggen as ehr persönlichen Modeberater. Vun de Damen ut ehr Koffiekränzchen kunn se nüms fraagen. Se harr doch ehr Inkoopstour all groot ankünnigt un wull sik de Kommentare lever nich anhörn, besünners Hertha harr een spitze Tung.

Nu weer ik avers in de Kniep. Bi de Erwartungshaltung kunn jo ok allerlei scheef gahn. Wi seeten nu bannig unner Erfolgszwang. Wat nu maken in disse Bredullje? Eerst mol eben röver na mien Fründ Peter, de hett mit sien Hertha jo ok all allerhand dörmakt.

„Ik kann di helpen", seggt he un ik sull man eerst in Ruh een Buddel Beer drinken. He keem glieks wedder un weg weer he. Dat duur ok nich lang, dor keem he mit een Book ünnern Arm trüch un wiest mi dat, wo he in sien Beratungstätigkeit jümmers goot mit torecht kamen weer. Sien Hertha un ok de Verköperinnen in de Geschäften harrn staunt, wi goot beslagen he in de Welt vun de Mode weer. Ik sull dat Book man düchtig studeeren, avers nix an mien Greta seggen.

Nu man gau na Huus hen un an mienen Schrievdisch un dat Book ankieken. „Eine Bluse macht noch keinen Sommer. Geschichten aus dem Kleiderschrank". Modezar Guido Maria Kretschmer weiht di in de Geheemnisse vun de Modewelt in. Los geiht dat mit dat Kapitel „Blusen und andere Oberteile." Jo, denkst du, wat'n Bluus is, dat weest du doch. Avers denn kumm't: Dor steiht swatt up witt, dat een Oberteil an'n Oberkörper wat to sööken harr und dat disse Upgave ganz ünnerscheedlich weer. „Vom Verhüllen bis zum ‚Alles zeigen'" güng dat.

„Das Oben der Frau ist häufig das Zentrum der Aufmerksamkeit". De Kerl hett Verstand. Un dat bewiest he up de nächsten Sieden. Dor geiht dat um „Klassische Blusen", „Hemdblusen", „Schluppenblusen", „Tops mit Spagettiträgern", „bauchfreie Cropped Tops", „T-shirts" un „Polohemden" - de Froonslüüd vun hüüt harrn jo een enorme Utwahl un mit den richtigen Rock or de passende Büx kombineert, kunnen dat ok de Froons in ollere Johren antrekken.

De Rocken ward indeelt na de richtige Länge. De Minirock hangt man knapp över'n Moors un denn geiht in Richtung Knee wieter bit hen to de Fersen.

Wat vörn Utwahl: Bleestiftsrock or Pencilskirt, de kunnen wunnerbor kombineern mit een wiet sneden Oberteil, ideal för Damen, de an de Taille beten veel sitten harrn. De Pencilskirt, so konstateert de Modeperfesser, will jedertiet so'n beten wackeln, de Trägerinnen sulln ehr Hüften man düchtig hen un her smieten. Wickelrock, Glockenrock, Rocken in A Form, de sünd so'n beten utstellt. Un nich to vergeten de Tulpenrocken, de so wunnerbor een smaale Taille betonen deen. Mit'n sanften Övergang na de Hüften hen wörrn de Möglichkeiten vun de Froonslüüd nahto unbegrenzt.

Up den Minirock wull he noch in een besünnere Saak to snaken kamen. Wenn de Froons de kombineeren deen mit'n hautenge Leggings, jo, denn weer dat de upregendste Look, de he sik denken kunn.

Na, of dat nu dat richtige för mien Greta weer, dat betwiefel ik, maak mi avers för alle Fälle een poor Notizen un slag denn dat Kapitel „Kleider für alle Fälle" up.

Dor geiht dat glieks los mit een Knaller, so jedenfalls seggt dat us Guido. „Das Dirndl ist in Bayern geboren und tobt sich jetzt in ganz Deutschland, ja, in der ganzen Welt aus." In'n September un vör allen in'n Oktober kannst dat up jede Festivität ankieken. Besünners kleedsam weer dat för de Damenwelt, de recht so'n beeten Holt vör de Hütt harrn. Avers ok de minnerbemittelten sulln den Kopp nich hangen laten, de modernen Push ups wörrn dorbi düchtig helpen allens int rechte Lücht to rücken. Dorto sull'n se denn unbedingt Ballerinas or Stilettos mit Fesselriemchen antrekken, un denn nich vergeeten, een Edelweiß antostecken, een lütten Hoot upsetten, de Haarpracht mit Schleifen un Zoppen utsmüken. Affenschaukeln un Schnecken wörrn jedertiet passen. Dorto weer dat een Muss, een Maaß Beer to drinken. Nee, dat weer nix för mien Greta, de harr lever den roden Merlot, villicht ok mol'n Grauburgunder.

Wieter geiht mit Kleeder vun de ik noch mien Leven lang nix höört harr: Etuikleider, Shiftkleider, Sheatkleider, Lebenskleider, Ballkleider, Cocktailkleider, dat lütte Swatte or „Petit Noire" un denn - endlich - sünd wi bi dat Avendkleed ankamen. Gottseidank, denk ik, nu kummt de Erleuchtung.

Avers watt sall ik anfangen mit'n Mermaid Dress, One-Shoulder-Dress or een Neckholder Avendkleed? Kann ik mi nich so recht vörstellen, wo mien Greta darin utsücht un ok dat Strapless Dress is wiet weg vun mien Vörstellungsvermögen.

„Greta“, segg ik annern Avend to mien Leevste, „ik gah morgen all mol los, un sorteer so'n beten vör, denn geiht dat mit dien Entscheidung gauer.“

Ik gah denn jo ok hen na Meyer un Bruhns, dat eerste Modehuus an'n Platz, un denn drievens up een junge Verköperin dahl. Se harrn doch seker een goode Utwahl bi de Glockenröcke, de much mien Fro so gern lieden. De weern an de Taille beeten enger un leepen denn na unnen, nah't Knee hen wiet ut. Dat weer de ideale Rock to'n Danzen un de kunnen wunnerbor kombineern mit'n Bluus, de de Taille noch betonen wörr.

De junge Deern harr bit nu noch nix seggt, entschuldigt sik un schickt mi de eerste Verköperin, de sick mit'n Koppnicken mien Anliegen anhören de.

„Ich staune über Ihr Fachwissen“, seggt de nu to mi, jo, sücke Rocken harrn se grad rinkregen, weern wedder heel modern.

„Total up to date“, nickkoppt se mi to. Denn sull se man veer Rocken bisiet hangen, de in grau, düster rot, in geel un grön. Ik wörr mit mien Greta an'n Namiddag kamen.

Du wullt nu seker weeten, of dat allens klappt hett? Jo, hett dat. Mien Greta hett den düster roden Glockenrock nahmen un ik hebb ehr denn ok noch för een Bluus in'n klassischen Schnitt begeistern kunnt. Toeerst wull de Verköperin noch to een Mustermix Farv raden, avers dor weer ik nu doch nich mit inverstahn.

„Nee“, segg ik to mien Greta, „dat dräggt to veel up un schafft Unruh, een neutrale Bluus beruhigt“.

In Hemdblusenform mit de feine sülvern Kett, de se vun Tante Frieda arvt harr, weer dat een upregend un modernet Outfit. Se wörr dorin jümmer püük un propper utsehn.

„Sie haben einen Mann mit Geschmack und Verstand“, seggt de erste Verköperin an de Kass. Un mien Greta, wat seggt de? Gor nix. Se haakt mi ünner un stüürt na de Cafeteria, bestellt'n feinen Capuccino un een groot Stück Marzipan Torte un strakt mi denn so ganz sachten över de Hannen. Jo, so is se, mien Greta.

Multitasking

Vun de Froonslüüd kannst doch'n ganzen Barg afkieken. Se sünd eenfach fixer in dat mehrdimensionale Denken un Hanneln. Geiht jem lichter vun de Hannen. Un wenn du weeten wullt, worüm dat so is, jo, denn müsst du de neesten medizinischen Forschungsberichte över dat minschliche Gehirn dörchstudeeren.

Dat liggt nich an dat Gewicht vun dat Gehirn. Nee, dat sleit bi de Kerls swarer to Book. In'n Snitt dusendveerhunnert Gramm, goot tweehunnert Gramm mehr as bi de Froons. Johrhunnerte kunnst du di as Mann dorup verlaten, wer mehr in'n Kopp hett, de is ok'n ganz Deel slauer. Avers wenn du ehrlich büst, denn hest du in dien Leven seker dusendmal un mehr murken, dat dat gröttere Gewicht vun de Hirnmasse nich unbedingt övereenstimmt mit de Leistungen. Meist is't so, dat dien Froo all lang den Dreih rut hett, ehrder di een Licht upgeiht.

„Klasse statt Masse", seggt mien Greta faken un kickt mi een poor Sekunden langer in de Oogen as't unbedingt notwennig weer un denkt woll, ik wörr nix marken.

De Hirnforschers seggt, dat de Ünnerscheed twüschen de beiden Geschlechter dorin to sehen is, dat de beiden Gehirnhälften bi de Mannslüüd nich so goot mitnanner vernetzt sünd. Sünd in jede enkelte Hälfte mehr ünneranner verbunnen un mit teemlich lange Leitungen utstaffeert, wiel de witte Masse in'n Kopp jo grötter is. Kiek, un denn duurt dat allens beten langer un dorto kummt bi de Mannslüüd noch'n gewisse natürliche Begriffsstutzigkeit.

De Froonslüüd hebbt ehre beiden Gehirnhälften veel beter ünneranner verbunnen. Dor sitt twoorsten de stevige Gehirnbalken, de Corpus callosum, dortwüschen, aversten in de lange Evolutionsgeschicht hebbt all de Evas jümmers Lücken funnen un sünd mit ehre Nervenstränge an den ollen Balken vörbischlängelt un rin in de annere Gehirnhälfte. Dorüm kunn'n vun een echte Vernetzung spreken, konstateeren de Hirngelehrten. Korte Schaltstationen un gauet Begriepen. Vör allen Dingen mehr wohrnehmen, marken, föhlen un maken.

Dat kannst ton Bispill beleven, wenn du bi't Inköpen büst. Du bruukst een nee'e Büx. Wat maakst du as Kerl? Du geihst in't Koophuus un denn liek up de Mannslüüdafdeelen dahl un direktemang to den Büxenstapel. De Grötte stimmt, passt, wunnerbor. Du nimmst am besten een in swatt un een in düsterblau mit, geihst an de Kass un betahlst. Dat klappt avers blots, wenn du alleen ünnerwegens büst. Is dien betere Hälfte dorbi, denn hett se up den Weg in't Koophuus all opminnst fief annere Herrenutstatters seh'n. Du weerst dor jo glatt an vörbilopen. Bi jedeen wart nu eben kort anholln un keken. De een hett besünners feine Oberhemden in de Utlaag. De sünd so praktisch, wiel dat du de nich mehr to bögeln bruukst.

„Schatz, könntest du nicht auch mal eine neue Weste gebrauchen? Probier doch mal an!", hör ik mien Greta seggen – ut de achterste Eck bi Herrenausstatter Meier.

As wi denn opletzt in't Koophuus ankamen weern, dor harr ik dree Paketen to schleepen. För mi n'Poor Strümp un mien Leevste harr för sik noch'n Poor heraffsett Schoh up de annere Siet vun de Inkööpstraat sehn un glieks dorteegen in den nee'n Accessoir Loden noch een in de Farv passenden Schal funnen.

De Herrenafdeelen is in'n veerten Stock. Dor bün ik avers noch lang nich anlangt.

„Weißt du, Liebling“, fleit mien Söte mi in’t Ohr, „ich suche noch etwas Leichtes zum Überziehen bei kühleren Sommerabenden. Da habe ich nichts und du sitzt doch so gerne bei Mondschein mit mir auf der Terrasse.“

Ton Glück hebbt wi denn ok gau wat funnen, sogor in de richtige Qualität.

In de tweete Etage ward dittmal nich herumsöcht. Weer allens mit groote Plastikdökers tohangen vun wegen Ümbau un Neegestaltung. De drütte Stock wörr nu noch to bewältigen. Hier geev’t Feinwäsche, Slapantööge, Dessous, Betten un Hanndöker. Rutgahn sünd wi mit twee Shorties för de schwülen Sommernachten.

Nu weern wi endlich in de Büxenafdeelen.

„Warum suchst du immer nach schwarzen und blauen Hosen?“ fraagt mien Allerleevste un harr een rode un een hellbrune Büx övern Arm. De müss ik nu antrekken.

„Sitzen wie angegossen. Sehen gut aus, ist doch mal etwas anderes“, hör ik de Verköperin mit Greta snaken. Un as mien Greta mi noch seggen de, dat besünners de rode Büx mien Figur schmeicheln de, dor harr ik mien Widerstand all lang upgeven.

Nu avers na Huus to. Dor ankamen seggt mien Greta, dat se in de nächste halve Stünn erst mol de Beenen hochleggen müss. Se kunn överhaupt nich verstahn, dat mi dat stünnenlange Rumlopen in de Geschäften nix utmaken de. Un ik sull mi man nich inbilden, dat se nich spitzkreegen harr, dat ik in de Dessousafdeelen na de Tangas schuult harr. Dat weer jo to un to scheneerlich. Jungedi, dor kreeg ik noch eben mien Fett weg!

Ik bün denn glieks an mienen Schrievdisch gahn un hebb noch mol in de Schlussfolgerungen vun de Hirnfor-

schers nakeeken. Un wohrhaftig, dor steiht dat swatt up witt:
Dat weibliche Gehirn hett vun Natur ut veel mehr Windungen un dormit'n gröttere Speicherkapazität. Multitasking is för de Froonslüüd nix anners as een Kinnerspill, is jem sotoseggen angeboren. Un ehr Gehirn is up Grosszügigkeit un Empathie programmeert. Jo, dat stimmt, hebb ik hüüt an mien Geldbüdel markt.

Avers een Siet wieter find ik doch noch wat för us Mannslüüd. Bi us gifft dat een Bereich in't Gehirn, dor existeert een ingelschen Fachutdruck för. Dat is de „Nothing-Box-Area". Un de is överleevenswichtig. Wenn du as Kerl so richtig Stress in'n Huus oder bi't Inköpen hest, denn bruukst du een Platz, wo du nix doon müsst – eben „Nothing". Un in disse „Kehr di an nix Schuuflaad" kannst du denn all diene Gedanken ümleiten un finnst dien Ruh. Hier sünd se ok afsluut seker upbewahrt, kann keen anner Minsch rinkieken, ok dien Fruu nich.

Hett de Natur dat nich wunnerbor inricht? Wat köönt wi Mannslüüd glückelt ween, dat wi mit dat Multitasking nix an'n Hoot hebbt un us Breegenkasten sik up de wichtigen Dinge konzentreeren kann. So'n ellenlange Leitung is an'n Enn vun Vördeel.

Wenn dat bi de Froonslüüd all fief Minüten vör twalf is, denn geiht bi uns Mannslüüd erst de Sünn up.

Nimm di nix vör, denn sleit di nix fehl

Hest du dat bi di ok all mol faststellt? Du hest di wat fast vörnahmen un denn geiht dat scheef. Will nich so recht glücken?

Jedet Johr gifft dat een ganz besünnere Tiet, wo all de Lüüd sik vörnehmen, dat un dat un ok dit mutt sick ännern. Dat is wi so'n Massenverspreken to Silvester, denn dat olle Johr geiht na'n Enn to un nu man gau noch mol seggen, wat du in't nee'e Johr gliekss vun Anfang an anners maken wullt, ganz anners.

Fangt an mit de Smökeree. Hier, de letzte Zigarett ward nicht mehr smökt. Du brekkst ehr dörch, weg dormit in'n Aschemmer. Dor ward kien Geld mehr vör utgeben. Junge, dor kunnst glattweg jedeen Dag gode fiev Euro an spooren. De Husdoktor is tofreden un ok dien Fru, denn de Gardinen blievt nu dat ganze Johr frisch. Un wo föhlt sik dat gesund an. Kannst wedder richtig deep dörpuusten, wenn du de Trappen hochstiggst. Is doch'n ganz annern Krom, ok wenn dien beste Fründ to di seggt, he weer nülich glatt an di vörbilopen, wiel dat he di anners jümmers all vun wieden an de Dampwulk het utmaken kunnt.

Un denn fraagt he noch so schienhillig, wat di dat ok goot güng, du wörrst man bannig bregenklöterig utsehn. De Neesspitz schien em grauwitt, n'eegenordige ungesunne Farv.

Dat kunnst du in dissen Oogenblick ok so recht bruken. Dat harr di noch fehlt! Du wusst jo genau, dat di dat in Würklichkeit leeger gung, as du dat dien Fru vertellen deest. Wo du ok henkemst, de innere Swienhund seet all dor. Keek di an. Grient so tücksch vör sik hen:

„Na, kannst di noch besinnen, wo fein dat weer? Scheune Tass‘ Koffie un denn de Rietsticken anreten un erst mol kommodig een Zigarett smöken, mit Genuss den ersten Tog. Dat gung glieks in dien Bloot un du weerst‘n utgleeken Minschen“!

Op dien inneren Swienhund kannst di alltiet verlaten, du bruukst em nich erst söken. He is all dor, steiht achter di. Nu weerst du all veer Daag gegen all de Verführungen angahn un to Hus will sik de Freeden nich so richtig instellen. Du büst ungeduldig, schimpst rüm, hest överall wat to meckern un dat Weer is so miesepetrig as de Stimmung.

Glücklicherwies hest du een verständnisvulle Fru an diene Siet. Se nimmt di in Arm un seggt, wo tapfer du doch weerst un se bewunner dat, avers, wenn se mit di ok noch de neegsten 25 Johr verheirat ween schull, un denn grippt se so stikkum in ehr Tasch un leggt di’n Schachtel Zigaretten up’n Disch, denn sullt du di eerst mol een ansticken.......

De Gardinen kann’n jo licht eenmal mehr waschen.

Dat anner Johr harrst du mit di sülben afmaakt, dor möten tein Kilo runner. För dat Gewicht, dat kunnen intwüschen goot sehen, passen all diene Büxen nich mehr. De Taille weer weg un de Buuk kunnst du ok nich wieter intrekken un ünner’n Pullover versteken.

Dittmal geev‘t de Berliner mit Zuckerguss all vör den Johreswessel, denn in’t nee’e Johr sull ja Schmalhans in de Köök regeeren. Dat gung ok glieks los. Geev een leckere Weightwatchers Kohlsupp. Nee, nich so een mit‘n Stück Speck un’n leckeren Wust dorin. Nee, een besünneren biologisch dynamischen Wittkohl vun Bio Buernhoff mit Wuddelstücken. As Bigaav noch’n halve Meßspitz creme fraiche dörröhrt, feine französche Kööken. An eersten Dag hett dat ok richtig goot smeckt. Wenn de Hunger di kniepen de, denn geev‘t mol een lütten Appel oder ok rohet Gemüs. Kohlrabi, Paprika, Wuddeln. Avends een Schiev Vullkornbrot mit Magerquark un Kresse as Geschmacksverstärker. Meisttiets büst du denn so eben na de Tagesschau to Klapp gahn, wiel dat de innere Swienhund all an de Eck vun't Köhlschapp up di luurn de, ekelhaftig. Is di blots noch de Flucht in't Bett as Rettung bleeven.

Du büst denn toletzt doch noch vör Hunger in'n Slap kamen un harrst de ganze Nacht wilde Dröme. Eenmal weerst du inladen to een groote Fier mit'n fein Eeten. Dat sull Grönkohl mit Kassler, Swiensback, Kohlwust un Pinkel geven. Du kunnst di utsöken mit wat för Kantüffeln: Saltkantüffel or zuckersöte or op besünneren Wunsch ok Bratkantüffeln. Na, du hest di vun alle Sorten bestellt, de kemen denn ok dampend an Disch. Un denn noch vun all de Fleeschsorten n'feinet un dicket dörwussen Stück, so'n rechten Knevel. Dat Water leep di all in Mund tosomen un du wullt so richtig rinhauen, dor pingel dat Telefon. Du stunns senkrecht in't Bett un hörst dien Fru seggen:

„Jo, Vadder kümmt dormit goot torecht. Hett güstern een feine Kohlsupp eeten, un avends hett he dat ok manierlich överstahn."

Dat weer dien Dochter, de sik blots mol eben na di erkünnigen wull. Avers de söte Drom weer jo nun endgültig vörbi. Een ganze Week hest du dat Spektakel dörholln. Du kunnst de Kohlsupp' toletzt nich mehr rüken un op dat Avendbrot hest du ut eegen Stücken verzicht.

De annere Week harrn wi een Inladung vun Tante Lisbeth kreegen. Ehren tachentigsten Geboortsdag wull se fieren. Sull losgahn mit Koffie, Schwarzwälder Kirsch- un Eierlikörtorte. Ton Avend hen harr se een leckeren Goosbraden mit Klöösse un Rotkohl bestellt.

In de Inladung harr se schreven, se wull doch sehr hapen, dat ik ok dorbi ween kunn, anners wull se noch een Person afbestellen. Wahlwies kunn ik ok wat Vegetarisches bestellen.

Ik weer denn avers de eenzige. Junge, dor harr de olle Swienhund sick doch wedder wat tücksch utklamüstert. Grad bi'n Inladung vun Tant' Lisbeth, de noch nie nich wat to ehrn Ehrendaag utgeben hett un de den Geldbüdel mit'n Knieptang opmaken de. Dor sullt du nu nich biwesen un di högen?

„Schad", seggt de schienhillige Swienhund to di, „schad, dat du nun grad up Diät büst. Avers dor is jo nu nix bi to maken. Segg ehr man aff. Wat wullt du di so quälen. All anner Lüüd vergnögen sick an'n Goosbraden un du hest man blots Kaisergemüs up'n Teller. Ick wörr dor nich hengahn."

Den Düwel ok, denkst du. Dat mit de Diät wullt du woll henkriegen, trekkst dien besten Antog an, büst pünktlich bi de Fier un etts und drinkst, wat up'n Disch kummt, na Hartenslust. To mien Greta, de grad een fein Stück vun den Goosbraden up'n Teller leggt, sä ik:

„Disse Diät kann ik dat ganze Johr wunnerbar utholln. De hett een ganz besünnern Naam:

„Di eet ik ook noch! Lang mi noch mol de Platte mit den Goosbraden röver."

Siet disse Inladung vun Tant' Lisbeth is de innere Swienhund noch nich wedder bi uns in't Huus kamen, jedenfalls hebb ik dat een ganze Tied lang annahmen.

To Wiehnachten harr mien Fru mi een feinet Slötelbord schenkt.

„Dann kannst du immer gleich die Schlüssel aufhängen und musst sie nicht jeden Tag suchen."

Un denn vertell se mi ok noch, dat ik mi een bestimmten Platz för mienen Geldbüdel, för mien Brill un ok för mien Smartphone söken un den ganzen Kram immer dor afleggen sull.

„Dann nervst du mich nicht immer mit deiner Sucherei und Fragerei, wo ist dies, wo ist das?“.

Junge, wat för een feinen un kloken Gedanken. Glieks dat Slötelbord an'n eersten Wiehnachtsdag anschruven un mi een Platz för den annern Kram söken. Allens fein an de richtige Stee. Worüm hebb ik dat nich all jümmers so makt, is doch een Argerniss weniger. Recht hett se, mien Greta, jümmers allens fein an de richtige Stee, denn hett dat lastige Söken een Enn! Jo, mien Greta ist to un to patent!

Avers denn büst du jüst ut't Auto stegen un dör de Huusdöör in de Deel gahn, hest dien Jack uphangt, dor pingelt dat an de Döör. De Postbot. Dien Fru harr een Paket bestellt un du müsst noch eben ünnerschrieven. Na, du leggst dat Paket up'n Telefondisch un geihst in de Köök, dor weer noch wat aftowaschen un dien Allerleevste harr di seggt, du sullt de Köök schier maken, harst jo Tiet noog.

Midden bi't Affdrögen bimmelt dat Telefon, dien Fru is an de anner Siet vun de Leitung un seggt, dat du ehr nu afhalen kunnst. De Putzbüdel harr sien Wark dahn.

„Es fängt an zu regnen, Schatz, da kann ich unmöglich zu Fuß kommen!“

Nu man gau de Jack wedder antrucken un de Slötel vun dat Slötelbord nehmen. Avers de is nich dor. An'n Slötelhaken bummel de olle Swienhund, du kennst em jo all, un turn un koppheister dor rum un fraag di so hinterlistig, wo du denn woll dien Slötel uphangen hest. Hier, dat kunn ik gern kontroleeren, weer he nich. Ok up de Huusdöör harr ik em nich steeken laten, dor harr he all nakeeken. Ik sull mi man ranhollen, so mit'n frischen Kopp tövte mien Fru seker nich gern.

Nu weer Holland jo in Not. Ik suus erst mal in de Köök, nee, dor weer he ok nich. Wat nu. Wo büst du denn överall ween? Richtig, up de Toilett. Nee, dor is he ok nich, is doch woll nich rinfallen? Nee, dat harr jo klötert, dat harrst du hört.

Denn fallt di mitmal dat Paket in. Du löppst no'n Telefondisch - richtig, dor hett sik de Slötel glatt ünner dat Paket versteeken. Nu man fix in't Auto un los. Oh, wat fallt di een Steen vun't Hart. Un denn entdeckst du up'n Bifohrersitz dien Brill, dien Geldbüdel un ok dien Smartphone – de harrst du jo noch gor nich vermisst.

„Na, mein Schatz", seggt mien Greta, „wie gefällt dir meine Frisur?"

„Wunnerbor, allens best, allens in de Reeg!" segg ik un drück up't Gaspedal.

„Sieht wirklich toll aus!"

Dormit dat mit de goden Afsichten dit Johr beter klappen deiht, hett mien Greta mi een Zeitschriftenartikel up'n Disch leggt. Dor steiht to lesen, watt dree Froonslüüd sik in't nee'e Johr vörnahmen hebbt.

Erika much an leevsten fiev Kilo affnehmen, Alexandra up jeden Fall den Zuckerkonsum ingrenzen un Beate will dat Fleescheeten instellen.

Un wie willt se dat bewarkstelligen? Ok dorto hebbt de Damen glieks dree Tipps mit upschreven.

Du schast up jeden Fall mit'n Hann vull Lüüd över dien Vörhaben snacken, un di ok Lüüd söken, de sick dat sülve vörnahmen hebbt. Un besünners wichtig: Schriev allens up'n Markzeddel, mögelst in eene Signalfarv. De bummelst du dor hen, wo du jedeen Dag n'poormal vörbi kummst.

Dat sünd jo gewiss plietsche un psychologische Erkenntnisse, sinnierst du so vör di henn, un geihst eerstmol na dien Fründ Peter un beratschlagst di.

„Nee“, seggt Peter, „vertell um Himmels willen keen annern Minschen, wat du di vörnahmen hest. Denn wenn dat nich glückt, denn wiest se naher mit'n Finger up di un denkt: Erst groot ankünnigen un wedder mol nicht schafft. Un denk vör allen an dien Swienhund, dat is een achtertückschen Herutforderer.“

„Jo, wullt du dat denn nich mit mi viellicht tosomen versöken?“ fraag ik Peter.

„Nee, nee“, seggt he, „ik bün as een Fleescheeter geboren und gegen een Stück Torte kann ik mi eenfach nich dörsetten. Un denn den Tüünkram mit den Markzeddel. Wat nützt di so'n Zeddel, wenn du emm nicht finnen kannst.“

Nu weer ik jo in de Kniep, harr kienen Mitstrieder funnen. Dat lücht mi jo ok allens in, wat mien Fründ Peter seggt harr. Gottseidank full mi n'poor Daag laater een wissenschaftliche Abhandlung in de Hannen, wo Psychologen un Dokters darleggen, worüm dat so swoor is, sik to ännern un de goden Vorsätze sik meist no een korte Tiet in Luft uplösen dehn. Platzen as so'n Seepenblaas.

Dat liggt eensdeels an de Botenstoffe in dien Gehirn. Noradrenalin, Dopamin, Serotonin un ok Oxytocin - de suusen jümmers ründum un ramentern in diene Gedanken. Wat dor nich henhört or wat anners warrn, sick verännern sall, zack, ward glieks utsorteert. Weg dormit, sall dien Gehirn nich unnödig belasten.

Avers dat is noch nich allens, de Gene hebbt dor ok noch'n Woort mittosnacken. Fofftig Perzent vun de Persönlichkeitsfacetten, seggen de Genforschers, kannst du gor nich stüren, de ward vun dat Arfgoot diktiert. Dien gesamte Ahnengalerie hett di dat all bi dien Geburt mit up den Weg geven. Un wenn du mien puckelige Verwandtschaft kennen deist..., wieter segg ik dor nix to.

Siet ik dat weet, kann ik beruhigt slapen. Jümmers, wenn de olle Swienhund mol wedder üm de Eck schult, denn wies ik emm een ganz lange Nees. Un een Fotokopie vun den övertügenden Artikel vun de plietschen Psychologen hebb ik glieks mien Greta up'n Schrievdisch leggt.

Wenn dat Johr mol wedder to Enn geiht, dat weet ik genau, denn nehm ik mi nix mehr vör. Du weest nu jo, wissenschaftlich is dat fundeert herutfunnen, worüm. Mien Grootmudder hett dat fröher mit ehren eenfachen Minschenverstand so utdrückt:

„Nimm di nix vör, denn sleit di nix fehl!" Kiek, un vun mien Grootmudder hebb ik nu mol de meisten, de allerallermeisten Gene!

Allerwegens schient de Sünn

Dor loopt bannig veel griesmuhlige Lüüd rüm, de hebbt een pessimistische Grundinstellung to dat Leven. Överall seht se dunkle, pickenswatte Wulken an'n Himmel uptrecken.

Wat sall dat blots warrn mit de niege Regerung?, sünd se an schafutern. Köönt de dat denn överhaupt, dat Regeren? Weer dat nich beter, de olen Hasen an't Ruder to laten? Bi de Gröönsnavels weest jo nie nich wo de Reis hengeiht.

De negenmalklooken Beterweeter sünd jümmers an resoneern. Is dat würklich so, dat de Renten seker sünd? Wat is mit de Globalisierung? Maakt de us allens toschannen? Köönt wi noch in dat glieke Tempo mitlopen or hinkt wi achteran? Jüst as so'n flögellahme Aant, de nicht mehr in de Hööchde kummt.

Un wat warrt dat blots mit den Klimawandel? Dat kann jo gor nich goot gahn. Keen Minsch will up sien Auto verzichten, un in Urlaub flegen willt se doch ok all. Meist twee Johr nich ut de egene Kamer rut kamen, denn warrt doch nödig Tiet, de Nees mal in'n Wind to steeken. Avers is de Wind ok noch so frisch as fröher or blökert de Autos, Lastwogens, Scheepen, Kohlekraftwarken und Industriebedriefte nu in'n Winterdaag besünners veel CO2 und fienen Stoff in de Lücht?

Mit Corona un de Impferee is dat ok nich so eenfach. Gifft jümmers noch veele Verweigerer un Verschwörungsfanatiker. De gaht up de Barrikaden. Vun wegen de persönliche Freeheit un de Unversehrtheit vun den egenen Körper. Woneem disse Freeheit ok Grenzen hett, dat willt se nich respekteren.

„Wenn ik de verleden twee Johr noch eenmal genau dörch mien Kopp gahn lat", seggt Fründ Peter, „denn erinnert mi dat an miene Wannerschaft as frische Timmermannsgesell up de Walz. Dor keem ik männichmol up miene Tippele an een Krüzung. Dor müss ik nu jedet Mal rutkriegen, wohen ik denn nu wietergahn sull. An de Wannerwegen, Straten un in'n Wold stunnen to de Tiet meist keen Wegwiesers."

„Wie hest du dat denn meistert?", fraag ik em.

„Jo", seggt Peter, „toeerst weer ik düchtig verunsekert. Ik kunn jo nich genau afschätzen, wo dat hengung. Gung ik liekut, denn kunn dat jüst de verkehrte Richtung ween. Stüür ik na de linke or na de rechte Siet, denn gung ik viellicht graad an mien Glück vörbi. De Twiefel harr mi fast in'n Griff, bit ik an een Ratschlag vun mien Grootvadder Hinnerk denken de: Jung, wenn du mal nich wieter weetst in dien Leven, kniep gau de Oogen to un denk an den Spröök: ‚Kiek in de Sünn un nich in dat ole Muuslock'! Wenn ik de Oogen denn wedder upmaken de", smuustert Peter, „nehm ik getrost eenen vun de Wegen un hebb noch jümmers den rechten Weg funnen. Is hüüt noch so, kannst mi't glöven. Allerwegens, ok op dien Le vensweg, schient de Sünn."

Putt un Deckel

Dor hebbt se avers wat in Gang sett – de Kinner, Enkelkinner un Urenkel vun dat Isernde Hochtietspoor. Fiefunsösstig Johr is Hertha mit eehrn Hinnerk dörch Dick un Dünn gahn, un Hinnerk kunn sekerlich ok nich jümmers kommodig up dat Chaiselongue sitten un de Beenen hochleggen. Nee, dat hett ok mol richtig Füür geven un düchtig dunnert un gewittert, beide sünd jo temperamentvulle Charaktere. Un as se denn murken, dat neben de Nücken un swacke Sieden de jewiels annere ok veel Pluspunkte harr, dor hett sik dat wunnerbor torechtlopen.

„Mein Herzblatt", seggt Hinnerk, „hebbt wi dat nich goot henkregen?"

Un Hertha süselt denn:

„Och, mien Hinnerk, wat willt wi mehr. Dree Kinner, fief Enkel un twee Urenkel. Un ut alle is wat worrn."

De Kinner, Enkel un Urenkel sünd nu jo düchtig an överleggen, wo de Hochtietsfier stattfinnen kann un wat se all up de Beenen stellen willt. Dat sull een feine Familienfier warrn, in een festlichen Rahmen. De Pastor un de Börgervörsteher vun de Stadt harrn sik ok all anseggt un Greta un ik sünd ok inladen as ehre beste Frünn.

Bi Hein Bredendiek in Dörpskroog weer allens bestellt – un Ottos Danzkapell harr ok Tiet. Mit dree Mann wulln se to'n Danz upspeelen.

„Aber auch ein paar moderne Songs", weern Fenna un Frieda an rumnöölen – mit Walzer un Rheinländer harrn se dat nicht so.

Dat Menue worr fastleggt – vörweg een gehaltvulle Hochtietssupp mit Klüüten dorin, denn dreeerlei Fleesch mit Kaisergemüüs und Kantüffeln. „Festkochende", harr Hertha seggt un Hinnerk bestellde Sieglinde, wiel dat de so fein mehlig weern un sik in de leckere Soße recht manierlich plattdrücken leeten, denn harrst du nich glieks een grooten Placken up't Hemd. Dat weer bi soon Fier jo to un to scheneerlich.

Bit hierhen weer't allens licht to bewarkstelligen, avers nu müss dor noch een Rahmenprogramm her. Goot, dat de Pastor und de Kerl vun de Stadt keemen, denn de wullen jo gern een poor Wöör snacken.

Willi, de ollste Söhn, övernehm de Gratulatschon för de Kinner; de Enkelkinner harrn twee Leeder instudeert un kunnen dorbi ok mit Vigelien un Treckfiedel upspeelen. Schien allens rund to loopen.

Un de Urenkel? Harrn de ok wat in petto?

„Das verraten wir nicht! Aber ihr werdet schon sehen!"

Nu is de Dag dor. Morgens een lütten Sektempfang un middags maken Hertha un Hinnerk denn ehre lütte Middagsstünn. Na denn Koffie mit Schwarzwälder Kirsch Torte keem de Ümtrekkeree.

Hertha harr dat Kleed, dat se to de Goldene Hochtiet anharr, noch mol wedder ut't Kleerschapp holt. Dor hulpen de Proteste vun eehre Dochter nix.

„Dat hebb ik doch erst'n poormol antrukken, dor is wieter nix an un steiht mi goot."

„Nimm diesmal jedenfalls ein blaues Seidentuch als Farbklecks", kunn sik de Dochter denn doch noch dörsetten.

Hinnerk maakt dor nich so'n Gewees üm. De swatte Antog weer jo neewertig, harr he toletzt tweemol bi de Beerdigung vun Tant Lisbeth un vun den ollen Karkendeener Max antrukken un Hertha harr em achteran feucht utbösselt un dree Daag an de Luft hangen. Keen Mottengeruch fasttostellen.

Dat Eeten harr Hein Bredendiek wedder fein henkreegen, alle Gäste „des Lobes voll", as man so seggt. De Pastor harr sik dreemol nageeven laten, dorför weer he bekannt.

Un na de Reden und dat Hochleben laten un de musikalische Darbietung weern nu de Urenkel an de Reeg.

„Liebe Gäste", sää Johann Theodor, „wir können heute ein Ergebnis präsentieren, das euch das Geheimnis dieser langen und glücklichen Ehe unserer Urgroßeltern verrät!"

Un denn verkloor Frieda-Wilhelmine, wat se nu unnersöcht harrn. Se harrn een Fraagebogen entwickelt un de jewiels getrennt vun Hertha un Hinnerk utfüllen laten, so dat de vunanner nix wieswoorn. Un nu wullen se de Antwurten mol vörlesen.

De erste Fraag heet: „Wie un wo hebbt ji jo kennenlernt?"

„Oh", geev Hertha to Protokoll, „doran kann ik mi genau erinnern. Ick bün mit mien Fründin Elsbeth mol up den Wiehnachtsball in'n Dörpskroog wesen un dor hett Hinnerk mi jümmers upfordert un düchtig up de Footspitzen pett."

Nie un nie nich wedder, harr se to Elsbeth seggt, wull se mit den Kerl noch mol danzen. De harr her jo beide Footen toschannen pedd.

Hinnerk harr sin Urenkel een annere Version vertellt. „Ik glööv, dat weer up een Fürwehr Danzvergnögen in Januar. Toeerst harr ik jo een Oog up Elsbeth Wääken smeten, dat weer jo de Swarm vun alle Kerls ut us Dörp un 32 Hektar weern jo ok nich vun de Hand to wiesen. Avers den letzten Danz harr se all mit Korl Petersen afmaakt, de hett eehr denn ok een Johr later kreegen. Un wiel Hertha dor jüst so alleen stunn, hebb ik eehr upfördert un denn ok glieks na Huus hen brocht. De ganze Diekstraat langs. Un de treckt sick hen, kilometerlang! Minus föfftein Grad un twintig Zentimeter hoogen Snee! Un dor harrn wi jo Tiet noog, mitnanner to snacken. Kort vör de Huusdöör keem Hertha denn in't Rutschen un dor hebb ik gau topackt un harr eehr all in Arm. Jo un dor hett se woll markt, dat ik so'n rechten staatschen Kerl weer un sik mit een Sööten bedankt un mi glieks to den Ball vun de Landfroonslüüd inladen. Jo, so is dat mit us beiden in de Gang kamen."

Frieda-Wilhelmine leest nu de tweete Fraag vör: „Uroma Hertha, wat meenst du, wat is dat Geheemnis för een glückliche Ehe?“

„Och, mien Deern, dor bruuk ik nich lang natodenken“, smüüstert Hertha. „Du musst dien Leevsten jümmers so’n beten Honnig üm den Bort smeeren un em glöven laten, dat he dat Stüür in de Hannen hett un du sülben ehrder de Smutje, allerhöchstens de Lichtmatros an Boord büst. Kiek, un mit de Johren övernimmst du denn so nah un nah dat Ruder, so dat he gor nicht markt, woher de Wind weiht.“

„Du meenst, dat klappt“, fraagt Frieda.

„Mien Deern, dat müsst du di marken. För dien Leven. De Mannslüüd wüllt nich lang diskuteeren. Wenn du dat denn eenfach anners maakst, markt se dat meist nicht. Kiek doch blots Uropa Hinnerk an, de denkt jümmers noch, dat he de Kaptein is. Avers de Stüürmann is doch dejenige, de dat Schipp üm alle Klippen herum seker in’n Haven bringt. Un wenn du denn noch een beten geschickt büst, wenn dien Ehemann mol’n Snöv or een Verküllen hett, denn hest all wunnen. Du musst em düchtig beduuren, wie heldenhaft he doch sien Mann steiht un dat du dat nie nich mit so’n eklige Gripp so tapfer uthollen kunnst.“

„Johann-Theodor, dat is keen eenfach Fraag, de du mi dor stellen deist“, grübelt Hinnerk. „Wat is dat Geheemnis för een glückliche Ehe?“

„Dat Beste is, dat du glieks an’n Anfang vun de gemeensamen Johren de Büxen anhest. Un wenn du dat mit een beten Fingerspitzengeföhl maakst, denn markt dien Fruu dat nich. Un wenn du eehr mol dat Stüür bi enkelte Entscheidungen övergiffst, denn is se de Meenen, dat se dat Heft in de Hand hett.“

Hinnerk harr sick intwüschen recht kommodig in den ollen Lehnstohl hensett, avers denn fallt em noch wat in:

„Dat kannst di för dien Leven marken, Johann-Theodor. Achtern Stüürmann steiht jümmers noch de Kaptein, un de hett den Kurs all lang fastleggt, egal woher de Wind weiht.“

Up een drütte Fraag, so vertelln de beiden Urenkel, harrn se verzicht, denn dat weer bit hierhenn jo nu för alle Tohörer klor, worüm Uroma Hertha un Uropa Hinnerk as Putt un Deckel tosomen passen deen. De Festsellschop harr nu noch blots een Upgave to beantwurten. Eelkeen för sick in Stillen.

Wer is nu de Putt un weer is de Deckel?

As mien Greta un ik endlich Klock halvig twee wedder in Huus weern, seggt se to mi:

„War das nicht eine wunderbare Feier? Aber, weisst du, ich bin froh, dass du bei uns Kapitän und Steuermann bist, sotoseggen in Personalunion.“

Ik kunn de ganze Nacht nich recht slapen. Wo hett mien Allerleevste dat nu meent? Kannst du di dor villicht een Riemel up maken?

Reesneeren

Een ganz wichtige Veranstaltung för mien Greta is dat Koffie Kränzchen. Mit fief Froonslüüd hebbt se dat all över twintig Johr togang. Geiht jümmers de Reeg na. All veertein Daag up'n Middewäken, Klock dree. Un wenn Greta an de Reeg is, denn seggt se mi bitieden Bescheed, meist an'n Sünndag, wenn ik noch bi de Sportschau sitt. Ik schull bit Mandag tosehn, dat mien Saken uprümt sind. Ik harr in de Wahnstuuv allerhand Kram rümtostahn, wat dor afsluut nich henhört. Ik wüss doch intwüschen, dat Erika un Helga, dat sünd twee vun de Kränzchen Damen, jümmers genau in alle Ecken kieken deen un se wull sik nix naseggen laten. Vun de beiden Putzdüwels all lang nich.

Na, Middewäken is allens schier in de Stuuv. Greta hett ehre Mohn-Eierlikör-Tort un noch'n poor faste Stücken Botterkoken up'n Disch stahn und dat feine Geschirr, wat de Familie blots an besünnere Festdaag to sehn kriggt. Mit'n Klockenschlag dree stahn de veer Damen vör de Döör. Ik help ehr as Huusbutler ut de Kledaasch un denn sitt se ok all an'n Disch in de Stuuv.

Ik bün nu nich mehr fraagt, gah na baben un sett mi an'n Schrievdisch, sünd jo genog Papieren dörtokieken. Ok wenn de Döör fast tomaakt is, hör ik dat Gesnatter. Geiht dor tokehr as in Goosstall. Wat sünd se an Vertelln un an Quasseln. Nimmt un nimmt keen Enn mit dat Lachen un Juchen un dat Klappern vun de Koffietassen. Wenn se denn bi'n Sekt anlangt sünd, denn ward de Ünnerhollung tosätzlich befüürt un du kannst den Indruck gewinnen, dat se sik över een Johr nich sehn harrn. Wat hebbt se nich allens beleevt in disse Tied, kannst an een Namiddag nich allens vertelln.

Na gode twee Stünn bün ik mit mien Schrievdischarbeit fardig un gah noch mal eben röver na mien Fründ Peter, de ik lang nich seh'n harr, wiel he'n ganze Tiet up Reisen weer. Wi sitten denn achtern in sien Gordenhuus.

„Na, wo geiht di dat?“ fraagt Peter.

„Och, ganz goot, Greta hett hüüt Koffie Kränzchen“, antwurt ik.

„Jo, denn weet ik Bescheed“, seggt Peter un denn drinkt wi us Beer, övt us in Swiegen un so üm un bi Klock söss gah ik wedder na Huus. Scheun, dat Peter wedder dor is, denn köönt wi ok doch mol mitnanner snacken.

Tohuus is Greta an Afdecken un vertellt mi erst mol de Neeigkeiten, de bi't Kränzchen rutkamen sünd. Wi sik de Enkelkinner vun Helga maken deen und dat de Swager vun Erika nu bi Müller in de Steenstraat sien Arbeit funnen harr. Wörr jo ok Tiet. Margrete, ehr Dochter, stünn midden in't Abitur, harr avers noch nich so recht wat funnen, wat se denn maken wull. Se harr'n all seggt, se sull man bi'n Staat anfangen, dat weer doch krisenseker. Mit den Jung harrn se allerdings düchtig Arger, de wull nich so recht in de School mitmaken, keem mehr so na ehr'n Schwiegersöhn. Na, wat wullt maken, wo de Leev hangen blifft.

Mit wat ganz Nees is Hertha denn up'n Enn noch rutkamen. Se wullen dat ganze Erdgeschoss ton Harvst hen renoveeren. Nee, nich sülven, dat gung nicht mehr. Herberts Bandschiev wörr dat nich mehr mitmaken. Maler Hollens harr all dat Angebot afgeven, se müssen sick nu noch över de Farven eenig warrn. Se harr dat mit de witte Raufasertapeten so satt, avers ehr Herbert weer noch nich so wiet, de müss se noch övertügen. All harrn se seggt, wo veel Glück se, Greta, doch mit mi harr. Ik weer jo licht mit allens inverstahn un so goot antostellen. Dor kunnen ehre Kerls sik'n dicke Schiev vun afsnieden. Un se, Greta, harr ok all överleggt, dat us Wahnstuuv ok'n nee'e Farv bruken kunn. Dor wull se hüüt avers nich mit mi över beratschlogen.

„Und, wie war dein Nachmittag, mein Schatz?“ fraagt se mi.

„Och“, segg ik, „ik weer up’n Stünn bi Peter, de is jo güstern vun sien Reis wedder na Huus kamen.“

„War’s schön? Wo sind sie denn überall gewesen?“

Jo, dat wüss ik nich, wi harrn man blots een Buddel Beer drunken un achtern in Gorden seeten.

Mit den Redebedarf is dat jo ganz ünnerscheedlich. Wenn du an Sönndagmorgen na Kark hen geihst, denn hest du ganz selten een Pastoor, de mit sien Predigt ünner’n Stunn fardig is. Denn hett he noch hierto un dorto wat to seggen. Weer nich unbedingt notwennig, stunn doch all in de Epistel, avers nee, dat müss nu noch utsmückt un in de hüütige Tiet ümsett warrn. De enkelten Gemeendemitglieder harrn toletzt all Bedenken, dat se noch rechttietig ton Middageeten na Huus kemen.

Mi fallt denn immer een Spröök vun mien Mudder in. Wenn een mit sien Snackeree nich ton Enn finnen kunn, denn weer he in ehre Oogen een ollen Sabbelbüdel! Un wenn mien Vadder dat mol so güng, denn kreeg he to hörn:

„Nu noch dat Vader Unser un denn den Segen und de Predigt ist to Enn.“ Oder wenn‘t gor nich anners mehr gung, denn heet dat. „Ja, ja, Reden ist Silber – Schweigen ist Gold.“

Wissenschaftler hebbt sik all lang dormit utnannersett, worüm dat mit de Vertelleree bi Froons- un Mannslüüd in’n statistischen Schnitt so ünnerscheedlich utbild is. Dat liggt eenmal an de Updeelung vun de beiden Gehirnhälften un de Verbinnungen dortwüschen. Een hochkomplexen Sachverhalt, de de Manslüüd sowieso nich begriepen. Avers nawesen is, dat de Hippocampus, dat is de Hirnrinde, bi de Froons dütlich dicker is. Un in den Hippocampus könnt de Froonslüüd veel mehr Wöör speichern as de Kerls. Un disse Masse vun Wöör mutt doch ok wedder rut, kannst jo nich jümmers runnerschlucken or in’n Kopp behollen, denn platzt de an Enn noch. Jedeen Dag nutzen Froonslüüd so ungefähr tweedusend Wöör. Du as Mannsbild kummst dortegen blots up de Hälfte, denn is dien Kopp leddig, dat heet, di fallt rein gor nix mehr in.

Nu weetest du ok, wat dat bedüd, wenn een seggen deit, hüm fehlen de Wöör. Dormit is nich immer een Staunen un een Överraschung meent.

Erschwerend kummt noch hento, dat de Bedüdung vun de Wöör vun de Mannslüüd ganz anners verstahn ward. Dor kann ik di een Bispill nennen, dat kennst du sülben. Fief Minüten sünd förn Kerl fief Minüten. Avers wenn dien Fru to di seggt:

„Liebling, ich bin in fünf Minuten fertig, dann können wir los!“, denn is dat mehr so as een indeferenten Tietspanne henseggt, denn kann dat ok noch'n halve Stünn duren. Villicht schafft ji dat graad noch pünktlich to de Theatervörstellung.

Üm noch mol up dat ünnerscheedliche Redebedürfnis to kamen: Wenn du vun de Arbeit na Huus kummst, denn fraagt dien Fru di:

„Na, wie war dein Tag?“ Un wenn allens goot weer, denn seggst du:

„Fein, allens paletti“, denn so weer dien Dag jo. Is doch allens mit utdrückt.

Wenn du denn dien betere Hälft fraagen deist, wi denn nu ehr Dag verlopen is, denn smückt se ehr Vertellen mit alle mögelken Entdeckungen ut. Du weetst an'n Schluss, dat ehr Chef hüüt een roden Schlips un gröne Socken anharr, de nun so gor nicht to den blauen Antog passen deen.

In Stillen büst du de Hirnforschers dankbor, dat se dat mit den Hippocampus rutfunnen hebbt, un di geiht dörch'n Kopp, wat dien Grootvadder Jakob jümmers seggt hett, wenn de Froonslüüd wedder so an't reesneeren weern.

„De leeve Gott hett för jedeen Minschen een ganz bestimmte Antahl vun Wöör vörsehen. Bi veele Froonslüüd is dat all fief Minüten vör twölf, ok wenn se dat Oller noch gor nich hebbt.“

Un denn plinker he mi, ik weer jo noch'n lütten Bengel, so to un schufft noch achteran

„Jo,jo, Snacken is Sülver, Swiegen is Gold!“

Schnäppchen or Slapen as in'n Himmel

Fröher hest du tweemal in't Johr up den Utverkoop luurt, an'n Enn vun den Sömmer un denn noch mol na dat Vörjohr hen. Dor kunnst di goot up instellen. Weern de Matratzen dörleegen un du harrst dat in't Krüütz, wiel de Spiralen nich mehr elastisch noog un an Knarren weern, denn flogen de bi'n Fröhjohrsputz rut un denn geev't nee'e. Na twintig Johrn weer dat notwennig.

Dortomalen harrn de Betten noch dreegedeelte Matratzen un ok dat Kielküssen müss tuscht warrn, dormit de Drellbezug passend in de Farv weer. Wo seeg dat anners ut, wenn in't Vörjohr de ganze Kram na buten keem, an de frische Luft, un du dor düchtig mit den Matratzenklopper up in Gang weerst. De Stoff de flog di man so üm de Ohren.

Bi't Utsöken vun de nee'en Matratzen geev dat blots een Problem. Wekke Farv sull dat sien, sandfarben, blau or villicht noch en hellet Grön, grötter weer de Farvskala nich. Dor kunnst du di gau fastleggen un denn geev dat den Utverkoopsrabatt, allens weer goot un fein in de Reeg.

Hüütodaags is dat anners. Dat ganze Johr över flüggt di de Reklame vun de Möbelhüüs in'n Postkasten. Mit rode Streken sünd de ollen Prise dörmalt un de günstige nee'e Pries steiht dick doröver, meist blots noch de Hälft vun vörher. Dor wunnerst du di denn dat erste Mol, wo dat angahn kann. Un denn de Utwahl, nich mehr unbedingt in de Farven avers in de Qualitäten. De Översicht is di all lang verlustig gahn und dien Kopp is rein düselig. In'n achtersten Koppenn, in de Eck vun den Hippocantus, hett sik denn ok de Twiefel insleken. Wenn een dat soveel günstiger afgeven kann, is dor villicht noch een annern Höker, wo du noch'n poor Euro sporen kannst. Nee, hüüt wullt du denn doch noch nich kopen, erst mol een Marktanalyse maken. In de Habenstraat un an'n ollen Markt sünd doch ok noch Bettenfachgeschäfte. Avers to lang dröffst ok wedder nich töven, denn de ollen Matratzen schüllt jo nächste Week op'n Sperrmüll, sünd all anmeldt!

Annern Dag flattert di een feinen kunterbunten Prospekt mit allerlei Angeboten in't Huus. Groote Överschrift:

„Matratzen – slapen as in'n Himmel".

„Kiek mal", segg ik to mien Greta, „willt wi us dat nich mol ankieken"? Jo, se is inverstahn, man as in'n Himmel slapen will se nu doch noch nich. Wi willn dat eerst mol för de nächsten tein Johr bi us in de Slaapkamer probeern.

Denn man rin in den Matratzenladen. Kummt ok jüst so'n junge, smucke Verköperin up us dahl un fraagt, wat se us helpen kunn. Jo, dat kunn se woll, wi wull'n use olle Bettstää mit nee'e Matratzen utstaffeern.

„Kein Problem", strahlt se mien Greta an, „da müssen wir nur ein paar Fragen klären".

Un denn gung dat jo los. Ik sull ehr wat över mien Slapposition verteIln. Wörr ik mehr so'n „Up'n Rüüch Slaper" or mehr een „Seitenschläfer". Jo, wo sull ik dat denn weten, hebb mi noch nie nich bi't Slapen ankeeken, harr de Oogen doch to. Avers mien Greta kunn helpen.

„Wenn er auf dem Rücken liegt, dann schnarcht er". Un denn geev se mi jümmers so'n veritablen Knuff in de Siet un denn wörr ik mi up de Siet na Lee hen dreihen.

„Also Seitenschläfer", seggt de junge Deern. Denn weer dat beter, wi wörrn us vör een Kaltschaummatratze mit söben Liegezonen entscheiden. De harrn extra för Seitenschläfer een komfortablen Bereich un denn wakst du nie nich mehr mit Verspannungen in'n Nackenbereich up. Federkern, Taschenfederkern un Komfortschaummatratzen harrn se natürlich ok in eehr Programm, man dat weer nich dat Richtige. Se wörr us tweedeelige Matratzen empfehlen, denn kunnen wi ok ünnerscheedliche Härtegrade utsöken. De Gewichtsünnerscheed wör jo doch to sehn. Dorbi keek se mien Greta rein wat verschwörerisch an. Ik schuul avers gau na de annere Siet, so as harr ik nix sehn un trekk mien Buuk düchtig na binnen.

Denn wiest se us noch een besünneret Angebot för de ollere Generation, dat nöömt sik Senioren 65+ un weer 12cm hoger as de normalen Matratzen. Dat weer morgens goot to marken, du kummst eenfach lichter ut diene Puch rut.

Un dat besünnere Weekenangebot, dat wörr jo nun de afsluute Clou: De Utführung „Majestät Luxus" mit Belüftungskanalen un Federtechnologie wörr för een optimale Ünnerstützung sorgen. Nich vergeeten wull se denn noch den Hinwies up de „Tri Motion". Söben ganz ünnerscheedliche Zonen in de Matratz wörrn vör een kommodiget Insinken vun de Schuller sorgen un ok noch dat Becken unnerstützen. Dat weer jo wichtig, wenn man an dat Oller vun de Hüften denken de.

Dor schulln wi us man proovhalver up henleggen, kunnen wi mol een Viertelstünn utprobeern. Se keem denn glieks wedder, harr dor achtern noch een anner Poor in de Afdeelung „Betten für Jungverliebte" liggen un falls wi denn noch Fraagen harrn, kunnen wi denn jo jümmers noch över snacken...

„Na, überzeugt"? hör ik dat up eenmal fraagen un verjaag mi düchtig, weer doch glattweg inslapen, harr jo ok keen Middagstünn hatt. Un mien Greta? De leeg fein up'n Rüüch un snurkt so liesen.

„Sehen Sie", strahlt mi de junge Engel an, „schlafen – wie im Himmel"

Natürlich hett us dat övertüügt un de Matratzen wörrn köfft – sogor mit Rückgaberecht. Wi harrn de Möglichkeit, den ganzen Kram na hunnert Daagen Proovslapen wedder torüggtogeven. Dat maakt wi avers nich, weern jo bi den Matratzenkoop all wunnerbor indruselt. Un worüm sullen wi denn nich up de Eer all as in'n Himmel slapen?

Mit dat Afblieven in Himmel is dat jo sowieso teemlich ungewiss. Un well seggt di, dat de Matratzen dor nich all düchtig dörchlegen sünd?

Seggwiesen

In jede Familie gifft dat jo Seggwiesen, de di bi bestimmte Gelegenheiten üm de Ohren fleegt. Meist jümmers denn, wenn di mol wat nich so recht glückt is or du hest di'n beten appeldwatsch anstellt, villicht ok mol wat vergeeten.

Mien Mudder Alma harr för jede Situatschoon een Lebensweisheit praat, un de kreegst du denn ok to hören.

„Je ehr daran – je ehr davon", dat klingt mi hüüt noch in de Ohren. Wenn ik na de School na Huus keem un wi mit't Middageeten fardig weern, denn wull ik jo glieks na buten. Völkerball speelen or mit Willi mol eben dör de Wischen lopen. Villicht kunnen wi noch een Aantennüst utfinnig maaken or de Kibitzen bi ehre Flugmannöver tokieken. Avers dor harr ik sotoseggen de Reeknung ahn den Wirt maakt. Mudder harr den Köökendisch all fein mit dat Schöddeldook afwischt un wies mi'n Platz an... „je ehr daran – je ehr davon"!

So güng mi dat ok, as ik gau ut miene Kamer den Football halen wull. Mien Fründ Enno stünn all vör de Döör un wi wulln noch een besünneren Trick inöven. Links een Dreih antäuschen un rechts vörbitrekken, avers jümmers mit dat annere Been. Dor kunnst düchtig bi in't Stolpern kamen.

„Nee, Enno", hör ik mien Mudder seggen, „dat duurt noch'n gode Stünn. Dien Kumpel, wat mien Herr Söhn is, de hett siene Kamer noch nich uprüümt. Dat sull güstern all passeeren. Is de reinste Räuberhöhle! Kannst de Footen nich mehr vörnanner setten." Un se wuss nich, woveel mol se mi all seggt harr: „Je ehr daran – je ehr davon".

„Jo", hör ik noch jüst mien Fründ Enno seggen, dat kennde he vun sien Mudder ok, man dor harr he keen Problemen mit, siene Kamer wörr he jo jeden Dag uprüümen, dat weer doch selbstverständlich. Jungedi, dor harr he mi avers noch gau een bipuult. Goot dat ik sien triumpfahlet Gesicht un dat schofelige Nickkoppen nicht ankieken müss. Ik wull em in de nächste Konfirmandenstünn mol fraagen, wat he nich ok all mol vun dat Gebot hört harr, wo dat üm dat „falsch Zeugnis ablegen“ gung. Ik kunn Pastor Sellinger jo ok mol so schienhillig fraagen, wo genau dat weer mit dat ‚falsch Tügnis afleggen‘ – in besünneren Fall vun een Fründschop. Dat weer doch sekkerlich een Missbruuk vun Vertrolichkeit.

Een anner Seggwies in use Familie weer: „All wedder mol“ or „All wedder een“.

Wenn bi us Sünndags een leckeren Braden up den Disch keem, denn wörr allens festlich indeckt. De feine witte Dischdeek, de noch vun Oma Jantjen stammde un in rot un grön bestickt weer un de sülvernen Messden un Gabels, Arfstücken vun Tante Bernhardine. Eegentlich weern de vör us Kinner veel to groot. Vadder see jümmers, dat se dormit fröher dat Heu bit baben up den Wagen steken harrn. Un mien Süster keek mi vun Anfang an so allwissend vun de Siet an, as wenn se wüss, wat dor nu glieks passeeren kunn. Un richtig, ik harr mi noch mol so'n rechten Naschlag vun de leckere Soße halt. Un jüst in dissen Oogenblick drüppelt dor een düchtigen Klacks up de schneewitte Deek.

„All wedder mol“, kreeg ik nu to hören un mien Süster harr nix beteret to doon, as luut heruttoposaunen:

„All wedder een lütt Farken an'n Disch!“ De feinföhlige un sensible psychologische Ümgang mit mien zarte Kinnerseel hett se sik nich anmarken laten, liekers hett se laterhen noch johrenlang een Kinnergoorn leit. Wenn denn de Kinnergörnerinnen ehr so'n lütten Rabauken schicken deen, wiel dat se em nich mehr möten kunnen, denn höör de as erstet „All wedder mol!“. Un denn keem een Gardinenpredigt un Peter or Sebastian leeten de Ohren hangen.

Wenn ik bi't Völkerball- or Footballspeelen mol vergeeten harr, mien lange Schoolbüx uttotrekken, denn kunnst du dormit reeken, dat ik wedder mol Pech harr. Unbedingt wull ik noch so'n scharpe Flank erwischen un sotoseggen volley in de linke Eck ballern, wiel dat Enno siene swacke Torwartsiet weer. De Ball de zappelte ok in't Nett, avers ik leeg bautz up den Schlackenplatz un harr de Büx dörschüürt, weer so'n hanniget Lock vun goot fiev Zentimeter in.

„All wedder mal, kiek di dat an", sä Mudder un schüddel so ganz sachten mit den Kopp un klapp de Neihmaschin utnanner un harr dor gau een bunten Flicken upneiht.

Schwieriger wöör de Saak, wenn ik mi an'n Stickeldraht Tuun so'n rechten langen Dreezack inreeten harr. Denn müssen wi na't Koophuus Hansen un dat geev een nee'e Manchesternbüx. De olle August Hansen wüss all Bescheed un ik kreeg vun em to hören:

„Junge, all wedder een!"

Use Grootollern harrn jo noch veel mehr Seggwiesen in Gebruuk. Een familieneegen Snack is mi bit hüüt in't Gedächtnis bleeven, wiel de mit mien Lieblingstant Lisbeth tosomenhangt.

Tant Lisbeth much gern een ut den Buddel un besünners gern den sööten Kirschlikör – Eckes Edelkirsch. Wenn se denn up ehre Geboortsdagsfier inschenken de un bi ehr Glas ankeem, denn de se jümmers so, as wenn se so'n beten in't Stolpern keem un ehr Glas nu bi't an'n Rand vull vun den sündhaft leckeren Likör weer.

„Ach herrjeh!" reep se denn, „dor is mi jo wat passeert!" Un siet disse Fier heet dat bi us:

„Schenk in, avers so'n richtigen ‚Ach herrjeh'!"

All disse nostalgischen Geschichten hebb ik vör langere Tiet ok mol mien Greta vertellt. Dat „Ach herrjeh!" is ton fasten Bestanddeel worrn, wenn wi us een Glas Rotwien inschenken. Dormit kann ik jo goot leven. Avers de anneren Spröök, de harr ik man beter nich vetellt.

Worüm? Jo, dat will ik di seggen. Mien Greta maakt jedeen Avend ne feine List, wat all an nächsten Dag to bedenken un to doon is. Un se is för dat Bedenken tostännig un ik krieg morgens na't Fröhstück de List mit all de Opdrääg in de Hannen drückt un mien allerleevste Greta knippoogt mit dat rechte Oog un denn hö̈ör ik: „Je ehr daran – je ehr davon!"

Un ik segg denn blots: „All wedder mol!"

Un mien Greta? Mien Greta knippoogt nu mit beide Oogen un strakt mi so sachten över den Rüüch.

„All wedder mol! Je ehr daran – je ehr davon!"

Jüst in so'n Oogenblick mutt ik an mien Grootvadder Jakob denken, de hett jümmers, wenn Grootmudder Fenna an'n Ramentern weer, to mi seggt:

„Snacken is Sülver, Swiegen is Gold!" Un wenn em dat mol rein to leeg weer, denn wieste he mit den rechten Wiesfinger up sien rechtes Ohr un mit den linken Dumen up sien linket Ohr un dat heet bi em: Hier rin – un dor ruut!

Spoorsamkeit

Wenn du in gode Tieden spoorsam büst, denn hest ok wat för schlechtere Tieden. Mit dissen Spröök sünd Generationen vun Minschen upwussen un hebbt ok flietig dat möhsam tosamenspoorte Geld na de Spoorkass hendragen. Geev jo noch recht wat an Tinsen un de müssen dortomals noch nich verstüürt warrn. Un dor weer ok noch so'n Oort Ehrlichkeit ünner de meisten. Du kannst di eerst wat köpen, wenn du dat anspoort hest.

Nee, all hebbt dat fröher ok nich maakt, gifft jo to jeder Tiet Minschen, de lichtfardig de Penunzen dör den Schosteen jagen. Hüüt bestellt de Lüüd mit ehr Kreditkoort un wenn't dorup nix mehr gifft, denn meld' se Privatinsolvenz an. Spoorsamkeit is nich mehr „in", de Rubel mööt rullen, anners brummt de Wirtschaft nich. De Politikers maakt us dat jo vör. In de Gemeenden un Stadtverwaltungen, jo ok in de Regerung vun den Staat, dor levt se över de Verhältnisse.

Spoorsamkeit hett achtergrünnig meist jümmers wat mit Utgaven to doon, man männichmol steiht in'n Vördergrund eerst mol een annere Geschicht.

As mien Vadder noch'n lütten Jung weer, so üm 1920, dor harrn se in't Huus noch keen elektrisch Lücht. De Petroleum Lamp hett dorvör sorgt, dat se nich in Düstern seten. Petroleum müssen se köpen un mit dat Bargeld weer dat man bannig knapp. Eenmal harr Vadder de Lamp so richtig vull updreiht und dat weer daghell in de Köken, bruukt natürlich ok veel mehr Petroleum. Mien Grootmudder hett avers nich schimpt, hett ehrn lütten Theo up'n Arm nahmen un is na buten gahn. Dat weer düster un de Halvmaand stunn an Himmel.

„Kiek mol“, verklaar emm mien Oma Fenna, „du kannst doch ok bi'n halven Maand bit na't Feld henkieken, dorto is de vulle Maand nich notwennig. Un so maakt wi dat ok mit us Schienfatt, bruukt wi nich up vulle Kraft to stellen.“

Fröher weer dat up'n Lann allgemeen Bruuk, dat de Lehrjungs vör Kost un Logis bi den Meister in de Lehr gungen. Eenes Dags jammert de Schoosterjung un röppt na denn Meister.

„Meister, Meister, ik kann nich mehr kieken, ik glööv, ik bün blind.“ De Meister is alarmeert, lett sien Warktüüg fallen un löppt na den Jung. De höllt hüm dat Botterbrot hen, wat he jüst vun de Fru Meisterin kreegen harr.

„Meister, ik kann de Botter up dat Brot nich seh'n.“

„Nu slag mi lang hen“, seggt de Meister, „ik kann ok keen Botter sehn.“ Un denn geiht he in de Köken un schimpt mit de Meisterin. Doch de is resolut un nich up‘n Mund fallen.

„Ji sünd all so‘n Leckertungen, an Enn mutt de Botter dor noch fingerdick upsmeert warrn“, seggt se, „de Botter kost neegen Groschen“.

De Meister begööscht sien Fru un se leggt'n Stück Kees up't Brot un dat gifft he denn den Jung.

„Na, is dat mit dien Blindheit nu beter“?

„Jo Meister, jo, ik kann beter kieken as vörher, so, as harr ik een Brill up de Nees. Ik seh dat Brot all dörch den Kees.“

Fritz Reuter hett disse lütte Geschicht mol in een Gedicht verarbeit.

Kann‘n eegentlich ok bi denn Waterverbruuk spooren? In een Interview hebb ik nülich een Huutdoktor hört. Grad in'n Winter weer de Huut doch düchtig dröög un harr sogor Risse. Wat'n dor bi maken kunn, fraag de Reporterin.

„Ganz eenfach“, antwurt de Doktor, „duschen as so'n Kerl“. Un denn jümmers fein mit Mandelöl inrieben.

Dat hebb ik mien Dochter vertellt, de is nu all lang ut'n Huus. Avers as se uttrukken weer, dor reep bi de nächste Waterreeknung dat Waterwark bi mien Fru an un wull mol nafragen, wi't angahn kunn, dat de Waterverbruuk so düchtig torüggahn weer.

„Jo", verklort mien Fru de junge Deern an't Telefon, „us Dochter is uttrukken." Dor harr se vullstes Verständnis vör, sä de Angestellte vun dat Waterwark. Denn wull se de monatlichen Vöruttahlungen man düchtig minnern.

Dat Waterwark schient eene besünnere Behörde. Wi kreegen nülich de neeste Afreeken. Dor stunn denn in, dat wi twee Cent nabetahlen müssen, de wullen se denn in de nächste Tiet vun mien Konto afbuchen. Up denn Breef weer avers een Breefmark vun 85 cent upkleevt. Kannst dor noch wat to seggen?

Spoorsam kannst ok mit de Spraak ümgahn. As Kerl hest du nich so veel Redebedarf in'n Vergliek to'n Fru. Dat weeten wi ut de ünnerscheedlichsten Forschungen. Avers mit een Spraak, de du nich so richtig beherrschen deist, büst du doch eher vörsichtig.

Ik kenn dor een Schoolmeesterin, de dat wegen de Leev na'n Norden verslaan hett. Se kümmt ut Franken un schull in dat lütte Dörp nu een Theatergruppe övernehmen. Vun den Text to dat Stück kunn se keen Woort verstahn, liekers kunn se de richtigen Regieanwiesungen geven. Bi de Stellproov hett se denn de Mitspeelers hen- un herschoben, bit dat endlich stimmig weer. Un denn hett se so lütte geele Markierungen up'n Footbodden kleevt, dat se dat nich vergeeten sullen. Mit ehren fränkischen Akzent weern de Plattdüütschen intwüschen vertraut, un Isolde kunn denn ok in eehr wunnerboren Oort twüschenminschliche Anwiesungen an ehre Speelers geven. Günther, de in een Kussszene mit Hannelore de Deern so richtig in'n Arm nehmen müss, de harr se vörher bisiet nahmen un em fraagt, wat he ok nicht to spoorsam mit de Tahncreme ümgahn weer un ok een beten After shave in't Gesicht sprütt harr – Spoorsamkeit harr Grenzen wo de grooten Gefōhle in't Spill kemen. Dat hett Günther för sien Leven liehrt, denn na de Theaterproov gung de Knuutscheree mit Hannelore wieter un bit vundaag sünd se glücklich verheirat.

Spoorsamkeit is nicht to verwesseln mit Giez. Mit so'n richtigen Pennschieter is nix antofangen. De sitt up sien Geldbüdel un maakt meist een suurmuulsch Gesicht un hett överall wat to bekritteln. Dor weer us Unkel Hinnerk vun ganz annere Statur. He harr ok nich alltoveel up de Naht un müss spoorsam leven, avers he weer alltied fideel un levenslustig. Wenn wi Kinner to em kemen, wiel jo Johrmarkt weer, denn gung he mit us hen un wi kunnen Karrussel fohrn un to'n Afschluss geev dat'n Zuckerstang un een Bratwust. As Kinner hebbt wi dat nich spitzkreegen, dat Hinnerk immer knapp bi Kasse weer. He weer de beste Unkel, he sung mit us un speel Versteeken un harr jümmers Tiet. Dormit weer he nich spoorsam.

Spoorsamkeit kannst ok falsch insetten. Wenn du in een Prüfung recht spoorsam mit dien Weeten ümgeihst, denn seggt de Prüfers toletzt noch to di, dat harr nich langt, du sullt man noch mol antreden, wenn du beter vörbereit weerst.

Wenn du meenst, dat bi't Inköpen jümmers de Pries utschlaggebend is, denn hest noch nich veel liehrt. De meisten Billigprodukten kannst all an nächsten Dag wegsmieten, dor hebbt se an Qualität un Material spoort un du argerst di över den Schietkram.

Wenn du oller warst un nich mehr jedeen Dag to dien Arbeit müsst, denn bruukst du jo ok weniger Kledaasch. Dien Klederschapp hangt vull und dat kannst erst mol allens updragen. Överhaupt löppt dien Leven na een ganz annern Rhythmus un Fragestellung aff. Bi jedet Stück fraag ik mien Greta un mi sülben:

„Bruukt wi dat?“ De Antwort is meist: „Nee, dat bruukt wi nich, denn lat den Kram man liggen.“

Un denn sett ik mi mit mien Greta fein tofreden in een Cafe, drink‘n Tass Koffie un nur gelegentlich – nich wiel du spoorsam büst, nee, wiel du up dien Figur achten deist – gifft dat ok’n Stück Marzipantort.

Jo, dat Oller is nich to verachten. Du bruukst nich spoorsam to wesen, du büst dat eenfach. Un wenn dien Leevste denn to di seggt, du müsst unbedingt een poor nee’e Büxen hebben, nächste Week harrn ji Korten för de Elvphilharmonie, na, denn geihst mit ehr los un köffst di een nee’e Büx, feine Kammgornqualität. Un för Greta fallt dor ok noch’n nee‘t Kleed bi aff. Is dor allens bi över.

Stoffsuugen un Psychologie

Jungedi, dor riffst du di sekkerlich verwunnert de Oogen. Gott, verdori na mol, wat hett dat denn nu wedder mitnanner to doon? Stoffsuugen un Psychologie. Hett dor viellicht so'n plietschen Studeerten wat rutfunnen un posaunt dat nu luut herut, wiel dat de Medien jüst in't Sommerlock sitten un elkeen Dag för de Leser wat Nees schrieven möt?

De Saak wull ik nu mal richtig up den Grund gahn. Nich ganz freewillig, dat mutt ik jo togeeven. Mien Greta hett mi all wedder mol een Artikel ut dat Weekenblatt up den Schrievdisch leggt un so'n lütten orange farvenen Zeddel anklammert. „Signalfarv" seggt se jümmers dorto. Stünn man blots een Woort up: Lesenswert!!! Mit dree Ausrufezeichen un een lütt Hart weer dor ok noch upmalt. Un dat bedüüt, dat mien Leevste mi in de nächsten Daag mol so ganz nebenbi un achtersinnig fraagen deit, wat ik den Artikel ok all lesen harr un wenn jo, wat ik dorto för'n Meenen harr. Un wenn du mien Greta kennen deist, denn weetst du ok, dat du di goot vörbereiden musst, anners steihst du vun Anfang an up verlorenen Posten un büst hoffnungslos in Nadeel.

Denn man an de Arbeit.

„Frag mich mal" heet de Siet in de Zeitung un in een tweeten Överschrift steiht dor: „Sie haben ein Problem und würden gern darüber sprechen? Dann fragen Sie Ella!"

Un Leserin Christine vertellt nu ehr Problem: Se levt mit ehrn Fründ Jan tosomen un se harrn sik de Huusarbeit updeelt: He is för de Stoffsuugeree tostännig un se maakt den Rest. Jo, se wüss, dat dat nich een Updeelung weer, wo beide de Hälfte vun de anfallende Arbeit doon müssen, avers in de ersten Weeken vun ehre nee'e Beziehung harr se dor goot överhenn kieken kunnt. Un dat weer ok nich de Grund, worüm se, Christine, nu ehr, Ella, mol ehr Hart utschütten muss un Ellas Antwurt herbisehnde.

De Grund is, so schrifft Christine: Mien nee'e Fründ kann nich stoffsuugen! Wenn se em bi den weekenlichen Wohnungsputz beluurn de, denn seeg dat so ut, as wenn de Maschin alleen dör ehre Präsenz den Stoff magnetisch antrecken de. Jan güng lässig dörch ehre 60 Quadratmeter groote Wohnen. In een coolen Gang, de se so an em leeven de, de harr sogor erotische Komponenten. Avers bi't Stoffsuugen weern de doch eher kontraproduktiv.

Wenn se suugen de, denn krabbel se up alle Veer herüm, wessel de Düsen. Mol de Bodendüse, denn wedder de lange Spitzdüse un up dat gemütliche Sofa, wo se so geern mit em kuscheln de, keem de Polsterdüse to'n Insatz. Se wörr sik woll teinmol üm de eegene Achse dreihen, so dat dat överall in de Wohnung schier weer un de Footbodden un de Teppiche reinweg blinkern deen.

Un nu sitt se jüst in dissen Oogenblick frustriert up een Stohl, wiel dat se all wedder mol stillkens achter Jan sien Rüüch stoffsuugt harr.

Wat seggt nu Ella to den Breef. Wat för eene Lösung hett se parat?

„Jedes Problem, das einen Menschen belastet, muss man sehr ernst nehmen“, lees ik wieter. „Als beratende Instanz sollte man, nein, man muss dem hilfesuchenden Mitmenschen mit Empathie begegnen!“

Christine harr, dat wull Ella ehr gern mitdeelen, sotoseggen dree Optionen, üm ut disse verzwickte Laag heruttokamen.

As erstes sull se versöken, de Arbeitsupdeelung nee to verhanneln. Na een gewisse Tiet weer dat angebracht, dat de

Upgaaven wesseln. So kunn se ehren Jan bestimmt övertügen, den Geschirrspöler in- un uttorüümen, de Waschmaschin to bedeenen, de Müllemmers wegtobringen und dat Klo to putzen. An de witte Keramikschöddel kunnen an besten faststellen, wat ehr Jan dor mit'n gewisse ambitionierte Technik togang weer.

Se kunn avers ok versööken, de Saak uttositten, so lang, bit de Wullmüüs dör de Zimmers rullen un de Puust jem reinweg utgüng. Dat weer, so wull se dat mol nömen, ‚High Noon' mit Stoffsuugerdüsen. Entscheidend weer, wokeen as erster den Tostand nich mehr uthollen kunn. Bi disse Option harr Ella denn doch Bedenken, dat dat Christine glücken de. Se harr den Indruck wunnen, dat se dorbi den kotteren Hebel in de Hannen harr.

Bleev blots noch een darte Möglichkeit. Christine sull ernsthaftig överleggen, wat se mit so'n Kerl ok noch in fief Johren tosomen leven wull, wenn dat eerste Füür sik leggt harr un de Alldag intrucken weer. Denn keemen jo so na un na de Nücken un Eegenheiten vun so'n Minschen an de Oberfläche, de man vörher dör de rosarote Brill nich sehn wull. Vör so'n Schritt wörr se avers to een Partnerschaftsberatung raden.
Dor kunn se Christine mit gooden Gewissen de Psychologische Praxis vun ehren Ehegatten nömen, de sik jüst up disse Fragen un Problemstellungen spezialiseert harr. „Wie gelingt es, zu mehr Paarzufriedenheit zu gelangen?" Dat weer ok dat Thema vun siene Diplomarbeit un se, Ella, harr dor in de Johren ok düchtig vun profiteert.

Wenn ik nu ganz ehrlich bün, denn hebb ik bit hierhen noch nich so ganz begreepen, worüm mien Greta mi so'n appeldwatschen Artikel ut dat Weekenblatt henleggt harr. Psychologisch bün ik nich so bewannert, avers na miene Inschätzung hett Christine fix een'n an de Marmel, dat se dor so een Brimborium vun maakt. Dat eenfachste weer doch, dat se ehren Jan vör de Döör sett, avers nee, de schient jo doch över Qualitäten to verfögen, de se nich missen wull. Dat eene wat du wullt, dat annere wat du hest, kann ik dor blots to seggen.

Ik bün nu noch jümmers an't Grübeln un Nadenken. Wat hett de orangefarvene Signalzeddel to bedüden un de dree Ausrufezeichen und dat lütte Hart?

Bi us bün ik ok för dat Stoffsuugen in't Huus tostännig un dat duurt bi mi nich lang, denn is allen fardig, schier un püük.

Sull an Enn mien Greta dormit ok nich so ganz tofreden ween? Twiefel stiegen mi so na un na in den Breegenkasten hoch un ik söök na Teeken, sotoseggen Signale, de mien Greta utsennt harr.

„Was, du bist schon fertig?" hett se all'n poormal seggt, wenn ik den Stoffsuuger in't Schapp torüch stellen de.

„Das ging ja wieder einmal flott!"

„Allens wedder pikobello," anter ik un vertell natürlich nich, dat ik de Stöhl nich bisiet stellt harr un ok nich ünner dat Chaiselonge rümhanteert harr. Dorbi müsst du di reineweg verrenken un een Hexenschuss will ik mi nich dorbi halen.

Letzte Week, ik harr den Stoffsuuger jüst ansmieten wullt, hett Greta mi fraagt, wat ik all een Termin bi den Oogendoktor maakt harr. Se harr den Indruck, mit miene Sehkraft weer dat ok nich mehr so goot.

Nu fallt mi dat as so'n Schleier vun de Oogen. Jo, dat weern doch mehr as düütliche Signale un ik olle Döösbaddel harr wedder mol nix murken. Wat kann ik nu noch maken? Ik sitt sotoseggen mang de Stöhl, de ik bi de Stoffsuugeree nich an de Siet stellt harr.

Ton Glück fallt mi in, dat güstern een Reklamezettel kamen weer. Dor weern de neesten Modelle vun Suugroboters afbild. Greta is noch in de Köök an hanteeren un so sliek ik mi ut de Döör un nu man gau hen na Asmussen&Meier, dat Elektrofachgeschäft in de Bahnhoffstraat.

„Wir haben gute Erfahrung damit gemacht", seggt de Chef, „besonders mit dem Modell RZ2022, da muss man nicht einmal die Stühle beiseite stellen. Die Sensoren steuern das Gerät zielsicher durch die Räume!" Na, ik laat de Maschin ok glieks in feinet Papier inpacken, denn mien Greta hett övermorgen Geboortsdag un vörher fraagt se mi nich na mien Meenen to den Artikel ut de Zeitung, is jo noch veel vörtobereiten.

Ganz bestimmt kummt aversten de Fraag, wat de Abkürzung RZ2022 to bedüden harr. Is jo eegentlich blots een Seriennummer, man ick segg denn:

„Dat heet Ruck Zuck 2022", un denn kieken mien Greta un ik us in de Oogen, deep in de Oogen. Ganz deep in de Oogen. Un ik seh in de Oogen vun mien Allerleevste, dor ganz wiet achtern, noch jüst so'n lütten Schimmer, un de hett de Farv vun den orangenen Signalzeddel annahmen.

Toilettenpapier or smiet de Zeitung nich weg

Wenn du fröher na Tant‘ Meier hen müsst, denn leepst du övern Hoff to dat lütte Huus mit’n Hart in de Döör. Dor kunnst du denn in Ruh dien Geschäft erledigen un an Papier weer kien Mangel. An een langet Bummelband hungen fein akraat hannige Zeitungspapierstücken, so ungefähr in de Grött vun 20x20 Zentimeter. De wurrn jedeen Dag, wenn de Zeitung utlesen weer, torechtsneeden un upfädelt. So as wi dat ok mit de geelen Bohnen makt hefft. De geev’t denn in Winterdag. Updrögt Bohnen mit Speck. Us Tant Tini kunn de ganz besünners goot torechtmaken, een Delikatesse. Kennt hüüt nüms mehr!

Je na Bedarf kunnst du nu to’n Enn vun de Sitzung de notwennigen Stücken afrieten, denn so’n beten week un kruus rubbeln dat se möör worrn un schon weer de Kram insatzbereit. Meist harrst du ok noch Tiet, den eenen or annern interessanten Artikel natolesen. Argerlich, wenn du de passenden Sieden nich mehr finnen kunnst. De harr dien Vörgänger all to’n Afwischen bruukt. Dor hest di denn düchtig över upregt.

Up een interessanten Fraag hebb ik ni nich een richtige Antwurt finnen kunnt. Wi hett de Druckerschwärze vun dat Zeitungspapier sik bi dat Geschäft bemarkbar maakt? Villicht harr ik an‘t Enn vun de Week jo allerhand Bookstaben an mien Achtersteven. Dat hett Vedder Hans jedenfalls jümmers to mi seggt. Speegelverkeehrt! Un mien Oma Jantjemö hett meent: Up so’n Spökenkram schull ik man nich rinfallen.
Egal, an’n Sünnabend weer jümmers Baaddag. Du keemst rin in de Balje un kunnst dat Alphabet afwischen, so wie du dat bi de Schiefertafel in de School maakt hest.

An'n Enn vun de fofftiger Johren keemen denn sanftere Tieden, un in de Geschäften kunnst du Klopapier up Rullen köpen. Dat allerfeinste Tissue! Un denn harrst du di ok noch to entscheiden: Bruukst du dat eenlagig, dat weer jo meist en beten to fien, or weer dat nich angenehmer twee- or sogor dreelagig? Jedenfalls wannerten de Zeitungen nu in dat Altpapier un du kunnst dien Allerwertesten papiermässig verwöhnen. Dormit dat nu aversten bi diene Sitzungen nicht to langwielig wurd, kunnst jo nich mehr lesen, hebbt de Herstellers vun dat WC Papier sik wat infallen laten un up de Rullen allens möglich updruckt. An besten gefallt mi dat Papier mit de Sudoku Rätsels.

In manche Huusholden liggt ok Lektüre in'n Gäste WC, de du di ankieken kannst. Denn is dat up dat stille Örtchen nich so langwielig. Un bi mien Fründ Gerd-Ewald, een pensioneerten Stüürmann up Groote Fohrt, dor hangt baben över de Toilettelschöddel een ganz besünneren Spröök: Beim Schiffen das Ruder festhalten und in der Fahrrinne bleiben!

Ganz egal in wat för Tieden wie levt hebbt un levt, an Klopapier weer kien Mangel. Dat hett sik in't letzte Johr dramaatsch ännert. Weekenlang kunnst in de Drogerie or in'n Supermarkt keen Rull Toilettenpapier mehr kriegen. Corona weer Schuld. De Minschen ergreep Upregung un Panik un se hamsterten de Rullen, soveel se man kriegen kunnen un setten so de Panikkoperee erst recht ingang. De Regalen in alle Geschäfte - leddig! Un ok an de nächsten Daagen keen Utsicht up Erfolg.

„Nee", schüttkoppen de Verköperinnen, „wir haben noch nichts wieder reinbekommen!"

Wat nu maken, wenn de letzte Rull all bannig an Umfang afnahmen harr. Schiere Angst steeg in de Lüüd hoch. Up Naverschaftshülp kunnst di in dissen Fall ok nich verlaten. Zucker un Arfen, Petersilie und Kantüffeln, de wullen dien Navers di woll geven. Toilettenpapier harrn se sülben man blots noch een Rull. Dorbi harrst du dör‘t Finster sehn, wo se erst letzte Week tein groote Paketen stillkens un heemlich utladen hebbt. Tein Paketen, stell di dat mol vör. Dat sünd jo 100 Rullen!

Höchste Regerungskreise müssen sik nu mit dat Problem afgeven un de Minschen mahnen, se schullen dat nalaten mit de Hamsterkoperee. Weer noog dor. Avers dat kunnst jo nich glöven, denn dat geev an annern Dag jümmers noch keen Papier. De Lastwogen seeten an de polnische Grenz fast un nu weer tatsächlich een Stau.

In Holland weer de Ministerpräsident so genervt vun siene Landslüüd, dat he vör alle Tohörers schimpt hett. De Nederlanden harrn so veel Klopapier, dat dat ganze Volk sik in de nächsten tein Johr dormit den Moors afwischen kunnen! Jungedi, so’n Klortext hett bi us nüms seggt. De Regalen hett dat liekers nich wedder vull makt.

Nu melden sik ok de Forscher un kunnen de Minschen upklären. Dat weer jo nich dat erste Mol, dat so’n Papierknappheit herrschen de. In Amerika hett mol‘n Spooßmoker in een Satiresendung seggt, dat weer to erwarten, dat in de Ölkrise ok Toilettenpapier bannig knapp ward. Annern Dag löpen Millionen US Bürger los und schon weern de Regalen leddig. Kunnst blots noch dat blanke Holt sehn. Weeken, ne Maande hett dat duurt, bit de Lüüd wedder to Vernunft kemen. Ok ut Japan un Venezuela kunnen se dat glieke vertellen.

Panikinköope, een interessantet Phänomen, dat de Wissenschaftler mol vun alle Sieden ankieken wulln. Is dat mehr Realität or Spökenkram? An de Universität Ollenborg hett dor jüst een sien Masterarbeit över schreven.

„Dat is de Hammelherdentrieb“, seggt mien Naver Peter, de keen wissenschaftliche Unnersöken bruukt.

„Een son dösigen Schaapsbock löppt vörut, un denn neiht de ganze Korona in Zuckeldraff achteran. Kannst jem nich mehr mööten!“

Un Gustav, mien Naver vun de annere Siet, keem güstern an‘n Tuun un vertell mi, dat he nu een Start Up grünnen wull. An Middeweeken keem sien Helpsmann un wull den Rasen vertikutieren, dat weer jo blots noch eene reine Mooslandschaft. Wenn‘n dat Moos fein dröögt weer, denn kunn he dat doch portionswies in Büchsen verpacken un unner de Lüüd bringen. Een Motto harr he sik ok all överleggt: Moos för’n Moors

„Moos“, begeisterte sik Gustav, „een reinet Naturprodukt un wunnerbor sanft. Nachhaltigkeit ok in’n Intimbereich!“

Mit 1000€ Inlage kunn ik mi noch gau an dat Geschäft bedeeligen.

„Nee, gah mi aff“, hebb ik seggt, ik harr de Zeitungen vun de letzten veertein Daag sammelt. Wenn de as Kloopapier insett weern, denn kunn ik endlich ok de Fraag ut miene Kinnertied klären: Sünd de Bookstaben egentlich in Speegelschrift an mien Achtersteven afbild?

Mien Greta schall dor mol reell nakieken un endlich den Spökenkram upklären.

Weniger is mehr

Dat kann jo gor nich angahn. Weniger is doch nich mehr, is doch weniger. Dat lehrt de Kinner all vun lütt up an, in Kinnergorden un in de Grundschool in'n Reekenünnerricht. Harrst du in dien Knickerbüdel föfftein feine bunte Glaskugeln un dien Fründ Heiner harr neegentein, denn kunnst de Freid in sien Gesicht aflesen, he harr mehr Knickerkugeln.

Wenn du di dat recht överleggen deist, is doch dat ganze Leven un de ganze Ökonomie dorup utricht: weniger is weniger, un mehr is mehr. Gaht de Ümsatztahlen rünner, ward de Chefs nervös un griesmuhlig. Wi mütt us all tosomen mehr afrackern, seggt se to de Belegschaft, denn ward dat ok mit de Verkoopstahlen beter.

Wenn du weniger arbeiden deihst, denn kriggst du doch nicht mehr utbetahlt to'n Enn vun den Maand. Dat is woll een Droom vun de Gewerkschaft, avers dor hett de anner Verhandlungssiet een dicket P vörsett.

Jichtenswat kann dor doch nich stimmen, wenn een behaupten deiht, dat weniger mehr is. Dat hebb ik jedenfalls bit nu dacht un weer mi völlig seker.

Man hüüt hett mien Greta mi wedder mol een Zeitschriftenartikel henleggt, de harr se extra utsneden. Ik sull mi de mol genau dörlesen. Se wull mit mi in de nächsten Daag doröver snacken, wiel dat se teemlich övertüügt weer vun dat, wat dor schreven weer.

Un wohrhaftig, dor stunn groot un breet de Överschrift: „Weniger is mehr“.

Nu wörr ik jo neeschierig un wull de Saak mol up'n Grund gahn. Toeerst muss ik rutfinnen, ut wekke Zeitschrift mien Greta dat utsneden harr. An de Biller kunn ik glieks marken, dat weer ut een Modejournal. Dat sull, so schreev de Redakteurin Monika, een Versöök an sik sülven ween, un se weer goden Moots, dat ok all de Leserinnen dat ümsetten kunnen.

Weniger Kledaasch besitten un doch endlich wat ton Antrekken hebben, so schrifft Monika. Dat klingt verdreiht, avers dat klappt wunnerbor. Du müsst blots erst to dien eegen Stil finnen un nich allens antrekken, wat du in de letzten Johren so wahllos köfft hest.

Anfangen sallt du mit dien Kleederschapp. De Döör upmaken un all de Plünneree rutsmieten, de du de letzten veertein Daag nich antrokken harst. Wenn du denn ok noch nich utpackte Paketen finnen deest, wo noch de Pries in DM upstunn, glieks weg dormit, bruukt unnödig Ruum.

De tweete Schritt, so wahrschoot Monika, is teemlich anstrengend un emotional nich so eenfach to bewältigen. Vun dat Tüüg, dat noch in't Schapp hangt, nimmst du nu jedet enkelte Stück in de Hannen un sorteerst all ut, in wat du di nich mehr so recht wohlföhlen deist, wat di nich mehr passt un wo du nich groote Freid verspören deest, wenn du dat Kleed, den Rock oder de Büx anharrst.

„Macht mich diese Hose glücklich?" Nee? Na, denn man rin dormit in den ollen Kleedersack.

Wenn du nu in dien Kleederschapp kieken deihst, denn is dat all fein översichtlich, avers dat Utsorteeren is noch nich to Enn. Geiht wieter un dat deiht ok weh. Dor kann sogor Trennungspien upkamen, Sentimentalitäten. Kiek mol, dit Kleed harrst du extra för Tant Lisbeth ehrn Geburtsdaag köfft, un disse swatte, wiede Büx to Unkel Heinis Begräffnis.

Verafscheden, dor is Monika rigoros, sallt du di nu vun alle Plünnen, de nich mehr in dien Farvkonzept passen. Wenn se di bi de Farvberatung seggt hebbt, dat to dien Typ an allerbesten de Farven gröön un blau passen deen, wiel de dien Persönlichkeit so unnachahmlich herutstellen deen, denn man weg mit allens, wat nich dorto passen deiht.

Dat Farvkonzept besteiht ut twee Hauptfarven, dree Akzentfarven un een neutralen Farv. De kannst du nu mitnanner kombineeren, na Lust un Laune. Denn kannst du de swatte Bluus un den roden Schal man wedder ut den Sack herutsööken, sünd doch noch to bruken. Dat kann di natürlich ok bi dat eene or annere Stück noch mol passeeren, dorüm sullt du den Kleedersack ok nich glieks in'n Container smieten. Dat weer eerstmol so'n Trennung up Proov. Hört man jo manchmol ok as Vörschlag in de Eheberatung. Un so müss man sik de Beziehung twüschen de utsorteerte Kleedaasch un den ollen Kleedersack vörstellen. Avers, wenn du mit di ganz ehrlich büst, munter di Monika up, denn weer dor all een deepen Riss twüschen dien Wohlgeföhl un de afleggt Saken ut dien Schapp.

Man wi weern jo noch bi de Farven. So eenfach stell di den Weg to dien eegen Farvkonzept nich vör. De is lang un arbeitsintensiv. Jedeen Dag sullt du nun dien Outfit fotografeeren, Selfie nöömt man dat hüüt, un denn genau ankieken, wat du noch an di optimieren kunnst. Wenn di dat nich so recht wieter bringt, wiel du meenst, an dien Utsehn weer nich mehr veel to maken, denn geev't ok een annere Lösung. Du köffst in de nächste Tiet dat Modemagazin mit Ratschläg un Biller vun Redakteurin Monika, de kunnen di denn gewiss helpen. An besten du wörrst dat günstige twee Johres Abonnement nutzen, geev't in Oogenblick ton Sonderpries.

Nu man gau torüch to dien Kleederschapp. Dat hett Luft geven. Hangen nu blots noch'n poor Saken in. De trekkst du nu an un stellst di dormit vör'n Speegel. Dreihst di mol so na een Siet un denn na de annere un ok mol üm dien eegen Achs. So'n lütte Pirouette. Mol de Arms hangen laten, denn ok mal winken or jem anwinkeln. Gefallt di dien Speegelbild ok noch na fief Minüten, denn büst du up'n rechten Weg. Hest bit hier hen allens richtig maakt. Monika is tofreden, hett ton Schluss avers noch'n wichtigen Tipp.

Du sullt bi't Inkööpen, so as Grundregel, genau dorup achten, dat de nee'e Saken tominst to dree vun de noch vörhannenen Stücke passen deen. Ünner dissen Gesichtspunkt is dat Inkööpen een wahre Lust un makt düchtig Pläseer. Geiht di ok allens lichter vun de Hand, seggt Monika, un vertellt noch vun ehr letztes Shopping Erlebnis. Se harr sick bi ehren letzten Butiken Bummel up Accessoirs konzentreert. Een Schal un een Gürtel, korallenfarvig, un is begeistert, denn de passen to all her annere Saken un maken ehr Outfit düütlich interessanter un weiblicher. Jo, un wenn se sik so'n beten hen un her dreihen de, ok erotischer.

Jungedi, dor harr mien Greta mi avers een explosiven Modeartikel ünnerjubelt. Un wenn du mien Greta kennst, denn weetst du, wat se sick in'n Kopp sett hett, dat...

Na, ik will man hapen, dat wi nich na de Eheberatung hen möten un se mi nich up Proov an de Siet stellt as so'n ollen Kleedersack.

Ik gah an besten eerstmol na de Spoorkass un laat mi vun dat Spoorbook düchtig wat utbetahlen. Dor steiht denn weniger to Book, avers wenn ik denn in de nächsten Weeken un Maande in Gretas Kleederschapp kieken do, denn hangen dor mit de Tiet doch ok mehr nee'e Kleeder, Blusen, Rocken un Büxen in, villicht sogor erotische Accesoirs.

Nu kann ik mi endlich een Vers dorup maken. Dat stimmt: Weniger is mehr. Weniger in Geldbüdel bedüüt mehr in'n Kleederschapp. Avers veel beter as disse Insicht is de Utsicht, dat mien Greta, wenn se vör ehren Kleederschapp steiht, ni wedder seggen kann, se harr nix antotrekken.

„Is jo allens mitnanner to kombineeren“, segg ik denn to mien Allerleevste. „Modebaraterin Monika schickt us jede Week een bunte Zeitschrift, dor köönt wi eben nakieken, Greta. Wat kann dor noch scheef gahn? Weniger is eenfach mehr.“

Een beten anners

Kannst du di noch besinnen? Kümmt jo jümmers up an, wat in Mood is, sotoseggen en vogue, tominnst een bestimmte Tiet lang.

Vör'n poor Johrn weer dat een Spröök. „De beten annere“. Un denn keem dor achteran: Bookladen or Optiker or Backer un ik weet nich wat. Männichmol kunnst du ok lesen: De beten annere Tankstell, dat beten annere Geföhl bi't Sitten, dat beten annere Angebot un de beten annere Aptheek.

Dor stunns du nu vör de Döör und fraagst di, wat denn nu „dat beten annere“ to bedüden harr. Wullt du nich bi'n Backer slicht un eenfach an'n Sönndagmorgen Brötchen kopen?

In dat Fachgeschäft för de Brillen gungst du doch mit de Afsicht rin, di een nee'e Brill anpassen to laten. Un de Tankstell föhrst du an, wenn de Sprit up den Rest gung, wullt ja nich in de Walachei stahn blieven. De Tanknadel weer all lang in't rode Feld. Na goot, villicht nehmst du noch'n Zeitung or een Schokoriegel mit, avers dat geev't doch an elkeen Tankstell. Böker geev't in alle Bökergeschäften, Brillen bi jedeen Optiker. Wat genau weer mit „dat beten annere“ nu meent? Wat harrn sik de Ladeninhebber dor blots bi dacht, wenn se dat buten groot an de Finster anschreeven harrn?

As dat mit de Werbekampagne losgüng, dor hebbt de Mitmakers seker mit de Neeschierigkeit vun de Kunnen rekent. De wullen doch to geern weeten, wat denn nu in dissen Laden anners weer. Un wenn du denn mit een langen Hals dör dat Geschäft gungs, denn kunnst du nix vun „dat beten annere“ finnen. Ok de Verköperinnen un Verköper kunnen di nich wieter helpen, wenn du ehr fraagen deest. Meist harr'n se nix as een Schulterzucken or'n Grientje as Antwurt.

Villicht weer jo eene gewisse Bedenungsfründlichkeit dormit meent? Aversten dor rekenst du selbstverständlich mit. Een kompetente un fründliche Bedenung mit grooten Sachverstand, ofschoonst mien Greta faken seggt:

„Dat Fachpersonal is ok nich mehr dat, wat'n fröher in de Geschäften harr. Puttegal in wekken Laden du geihst."

Or weer wat ganz anners mit den Spröök meent? Villicht dat Athmosphärische? Feine liese Musik in'n Achtergrund? An disse Siet vun den Laden allens hell un strahlend un in een annere Eck ehrder beten schummrig un geheemnisvull? Een wunnerboren flauschigen Teppich, de de Fööt umschmeichelte? Inkoopen as een Event, psychologisch achtersinnig upbereit?

Nee, dat kunnt ok nich ween. Weer doch all lang an jedeene Eck vörhannen un meist kreegst sogor noch'n feine Tass Koffie överto.

Dor weerst du nu up de Söök wat heruttofinnen un keemst nich so recht wieter. Kunnst un kunnst nix finnen un harrst dat doch to un to gern wusst. Ehrder du an Vertwiefeln weerst, keem di up'n Mol de Insicht: Nüchtern mösst du faststellen, dat weern allens blots Floskeln un Worthülsen. Allens Tüünkram! Oogenwischeree!

Wenn du dat eerst insehen harrst un kickst di nu malins mit waake Oogen üm, denn kannst an ganz annere Steden dat „beten annere" finnen. Kannst dat finnen in alle Geschäfte, up Straaten, in Parks, in Inkoop-Center, up Börgerstiegen, in Kinnergorns, in Utbildungsbetrieben, an Hochschoolen, in de Navershap un ok up de Markten. Wi seht un bemööten Minschen, de sik anners kleden, anners utsehn, een annere Spraak spreeken, een annern Gloven hebbt. Un dit annere, dit anners wesen, dat erinnert us an de Verheissungen vun „dat beten annere".

Wi lehrt Minschen kennen, de Freden söökt un Schutz vör Verfolgung. De sik een nee'e Existenz upbuen willt, een Leven ahn Angst wünscht, na een Levensperspektive söökt.

Ganz veele vun us seggt willkamen to disse Minschen. Ganz veele arbeiden ehrenamtlich mit und fraagen nich lang, wat se bruukt ward. Se kümmern sik. Helpen mit, dat de Frömden de Spraak lehrt, up de Ämter torecht kaamt un de Fraagenzeddels utfüllen köönt.

So köönt wi dat beten annere Land, dat beten annere Dörp, de beten annere Stadt or de beten annere Gemeende ween. In groote Klorheit, in Selbstverständlichkeit. Wi köönt disse Minschen mit open Arms, mit Bedacht, Toleranz, unupgeregt, mit Neeschier un Warmte un Minschlichkeit bemööten. Wi köönt disse beten annere Situation beleven, wi köönt dormit torecht kamen un bi't Gestalten us düchtig anstrengen. Sotoseggen Signale setten, dat dat „beten annere" nich as Floskel un Worthülse in de Versenkung verswinnen deit or Minschen up de Straat bringt, de luut schriegen: „Utlänner ruut, Düütschland de Düütschen."

Dat „beten annere" hett ok Schangsen. De gröttste liggt dorin, dat elkeen in sik sülven dat „beten annere" wies warrt. Denn hest endlich een Antwurt funnen up de Fraag, wat denn nu dat „beten annere" bedüden kunn. Of de Werbetexter dat woll so meent hebbt? Kannst mol över nadenken.

„Nadenken", seggt mien Greta jümmers, nadenken keem bi mi jo meist noch rechttietig un dat weer beruhigend. Un denn schufft se noch eehrn Lieblingspröök achteran:

„Wenn de Wind mit den Noom Verännerung weiht, denn buen de eenen Muern un de annern Windmöhlen!"

Dat seggt mien Allerleevste up Plattdüütsch, un wenn mien Greta Plattdüütsch snackt, denn is dor meist wat in'n Busch!

Hinweise und Dank

Wenn man, wie ich, plattdeutsch aufgewachsen ist und dazu noch in verschiedenen Regionen Norddeutschlands gewohnt hat, verwischt sich die geografisch sonst leicht zuzuordnende Aussprache der Niederdeutschen Sprache.

In Ostfreesland snackt se nich, dor proot de Lüüd platt. Un in Ollenborg hört sik dat Plattdüütsche noch'n beten anners an as in de Wesermarsch un in't Saterland. Dat Holsteiner Platt is wedder anners as dat Dithmarscher, vun dat Meckelnborger Platt ganz to swiegen. Dor sünd sekerlich noch veele annere Bispille to finnen, nich toletzt ok in Hamborg.

Und so ist es auch mit der Schreibweise. Was macht man nun, wenn man nicht „jümmers allens dörnanner" schreiben will?

Ich habe mich weitestgehend gehalten an den neuen „Sass, Plattdeutsches Wörterbuch, herausgegeben von der Fehrs Gilde, Gesellschaft für niederdeutsche Sprache, Literatur und Sprachpolitik e.V., 6.überarbeitete Auflage von 2011."

Gelegentlich habe ich mir allerdings erlaubt, meinem „Schreibgefühl" zu folgen, das geprägt ist durch meine ostfriesischen Vorfahren und meine Kindheit und Jugendzeit in der Wesermarsch. Der geneigte Leser möge mir das großmütig verzeihen.

Zu danken habe ich meiner Frau Elle, die mich ermuntert hat, die Geschichten um Greta „to Papier to bringen" und dabei nicht zu vergessen, dass man den kleinen und großen menschlichen Schwächen augenzwinkernd begegnen kann, um so manchen unnötigen Auseinandersetzungen charmant den Wind aus den Segeln zu nehmen. Wie beruhigend wäre es, wenn wir alle auf vielen unterschiedlichen Ebenen das erleben dürften.